“十二五”职业教育国家规划教材
经全国职业教育教材审定委员会审定

U0653709

Career Directions

职业生涯规划

田秀萍 主编

上海交通大学出版社
SHANGHAI JIAO TONG UNIVERSITY PRESS

内容提要

本材料形式新颖、内容生动、文字简明,以学生创新创业教育为中心内容,与促进就业、实现就业和创造更多的就业岗位,促进创业带动就业这一主题相结合。结合现代高职院校学生素质特点,联系职业生涯教育和职业生涯咨询的实际,力求让学习者较为轻松快捷地理解职业生涯规划的科学理念,掌握生涯规划的步骤和方法,帮助大学生正确地进行自我分析与评价,增强自主就业和创业的信心和主动性,使学生能够根据自身特点和社会需求,进行科学的职业生涯规划。

本教材是教育部指定列入教学计划的全日制高职院校必修课程《大学生职业生涯规划》的配套教材,适用于高职院校及中等职业院校各专业学生,同时也可供本科院校和社会学习者作为学习用书。

图书在版编目(CIP)数据

职业生涯规划 / 田秀萍主编 . 一 上海 : 上海交通大学出版社,2014(2018重印)
ISBN 978-7-313-10895-1

Ⅰ. 职… Ⅱ. 田… Ⅲ. 职业选择—教材 Ⅳ. G913.2

中国版本图书馆 CIP 数据核字(2014)第 029704 号

职业生涯规划

主 编:田秀萍	
出版发行:上海交通大学出版社	地 址:上海市番禺路 951 号
邮政编码:200030	电 话:021-64071208
出 版 人:谈 毅	
印 制:上海天地海设计印刷有限公司	经 销:全国新华书店
开 本:787mm×960mm 1/16	印 张:12.5
字 数:226 千字	
版 次:2014年 10 月第 1 版	印 次:2018 年 1 月第 5 次印刷
书 号 ISBN 978-7-313-10895-1/G	
定 价:28.00 元	

前　　言

　　我国将在 2020 年基本实现工业化,由人力资源大国变为人力资源强国,进入创新型国家行列。这就意味着我国的经济发展方式要发生重大转变,劳动密集型企业将越来越少,而技术密集型企业会越来越多,科技进步贡献率将达到 60% 以上;职业结构也会相应地发生变化,一些职业将会消失,一些新的职业将会诞生和发展。这种社会转型对高职院校学生来说,既是机遇,又是挑战。只有充分认识自身优势和社会环境,积极做好职业准备,才可能在未来职场中立于不败之地。

　　本教材紧紧围绕高职院校学生未来职业发展面临的现实问题,帮助学生做出符合自身特点的职业生涯规划,并传授一些求职技巧。教材采用合理情境导入、活动载体展开、课外实践拓展的组织结构,将知识、技能和态度等三方面的目标融为一体,以知识作为提高分析能力和树立正确态度的基础,以完成职业生涯规划作为知识材料选择的依据。"案例导入"为学生提供具有现实感、亲切感的学习情境,启发学生思考职业生涯面临的问题;"课堂活动设计"要求学生完成某项规划任务,形成可视化的学习成果;"课外实践拓展"具有一定的综合性,是课堂活动的有益补充和巩固提高;"相关知识"和"相关链接"分别提供活动任务所需要的基础知识和背景材料(政策、数据、实例等)。教材力求具有针对性和实效性,所用语言通俗易懂、简洁形象,非常适合高职院校学生的特点。为了教学方便,本教材提供配套的电子教案、课件和课外活动设计方案,并建设开放的课程学习资源网站。

　　本教材由教育部高等学校创业教育指导委员会委员、唐山工业职业技术学院教授田秀萍主编,唐山工业职业技术学院马良军教授、崔发周教授任副主编。各章的撰稿分工为:唐山美术陶瓷厂副厂长、唐山工业职业技术学院副教授王联翔(职业生涯规划准备),唐山工业职业技术学院讲师崔晨秋(第一章),唐山工业职业技术学院助教邢峰(第二章),唐山工业职业技术学院教授崔发周(第三章),唐山工业职业技术学院副教授杨东益(第四章),唐山工业职业技术学院讲师张旭(第五章),原新加坡昇旺贸易集团人力资源部经理助理、唐山工业职业技术学院讲师邱磊(第六章)。全书由田秀萍教授统稿。中国职业技能鉴定中心李怀康研究员对本教材的编写给予了精心指导,在此一并致谢!

目　　录

职业生涯规划准备(导言)

对于"职业"一词,人们耳熟能详,但对于"职业"含意的理解却各人有异。一般认为,职业是通过为社会付出劳动、创造价值,从而获得生活所需而专门从事的工作。美国社会学家塞尔兹认为,职业是一个人为了不断取得个人收入而连续从事的具有市场价值的特殊活动。职业具有五个特性:一是经济性,即从中取得收入;二是技术性,即某种职业独特的技术含量,可以发挥个人才能与专长;三是社会性,即承担社会的生产任务(社会分工),履行公民义务;四是伦理性,即符合社会需要,为社会提供有用的服务;五是连续性,即所从事的劳动相对稳定,是非中断性的。美国杜威认为,职业是人们从中可以得到利益的一种生活活动。

1. 职业有哪些种类

职业分类是指对不同行业、性质的职业按一定标准进行分析归类。了解职业的类别,是为进行职业选择提供帮助。这里将相关资料中有关职业分类的一些内容罗列出来,以便作为制定职业规划的参考。

(1) 功用性的职业分类。社会中不同单位和组织,常常从业务需要出发,以功用性的分析方法对社会中存在的职业进行不同的分类。比如,一份银行信用卡的申请表中,在"职业"选项里罗列了"公务员、事业单位员工、工人、农民、军人、职员、私人企业主、学生、自由职业者、其他"一共10个分类。这种分类方法主要从功用性出发,能够在一定程度上反映社会的现实状态,但往往缺乏普遍适用性。

(2) 国际标准职业分类。国际劳工组织编制的《国际标准职业分类》,将职业分为8个大类、83个小类、284个细类、1506个职业项目,总共列出职业1881个。其中8个大类是:①专家、技术人员及有关工作者;②政府官员和企业经理;③事务工作者和有关工作者;④销售工作者;⑤服务工作者;⑥农业、牧业和林业工作者、渔民和猎人;⑦生产和有关工作者、运输设备操作者和劳动者;⑧不能按职业分类的劳动者。这种分类方法便于提高国际间职业统计资料的可比性和交流。

(3) 中国"职业大典"对职业的分类。1999年5月出版的《中华人民共和国职业分类大典》,按照工作的性质把我国职业划分为8个大类、66个中类、413个小类、1838个细类。

第一大类:国家机关、党群组织、企业、事业单位负责人,其中包括5个中类,16

个小类,25 个细类。

第二大类:专业技术人员,其中包括 14 个中类,115 个小类,379 个细类。

第三大类:办事人员和有关人员,其中包括 4 个中类,12 个小类,45 个细类。

第四大类:商业、服务业人员,其中包括 8 个中类,43 个小类,147 个细类。

第五大类:农、林、牧、渔、水利业生产人员,其中包括 6 个中类,30 个小类,121 个细类。

第六大类:生产、运输设备操作人员及有关人员,其中包括 27 个中类,195 个小类,1119 个细类。

第七大类:军人,其中包括 1 个中类,1 个小类,1 个细类。

第八大类:不便分类的其他从业人员,其中包括 1 个中类,1 个小类,1 个细类。

(4) 职业指导分类法:

① 霍兰德分类法:技能型、调研型、艺术型、社会型、企业型、传统型共 6 种。

② 兴趣分类法:户外型、机械型、计算型、科研型、说服型、艺术型、文学型、音乐型、服务型、文秘型共 10 种。

③ 教育学科分类法:人文科学、社会科学、理科、工科、农学、医科、家政、教育、艺术、体育共 10 种。

④ DPT 分类法:与资料打交道(D)、与人打交道(P)、与事务打交道(T)3 种。有的学者还增加了"思维性工作"(I),使这一方法成为 DPTI 分类法。

(5) 人力资源管理分类法。从用人单位进行人力资源管理的角度讲,职业岗位首先分为脑力和体力两个大的类别。具体来讲,用于招聘选拔相关人员和进行岗位管理的职业类别可划分为:科学研究、工程技术、经济工作、文化教育、文艺体育、医疗卫生、行政事务、法律公安、生产工人、商业工作、服务工作和农林牧渔共 12 类。

2. 专业与职业

在进行职业生涯规划之初,正确地理解所学专业与未来职业之间的关系非常重要,这将直接关系着对未来职业的定向选择。学生在入学之初一般都认为所学专业决定着未来所要从事的职业,但随着时间的推移,这种认知往往会动摇,因为人们会发现很多大学毕业生在就业时选择从事了其他专业的工作。所以有人会认为所学专业与未来的职业关联不大。其实,这两种观点对专业与职业的关系认知都不够正确,职业与专业之间既不是第一种认识中的——一对应的固定关系,也不是后面一种观点中毫不相干的关系。这其中既有不同求职者主观职业选择的个性化差异,更与职业所具有的不同专业特性有直接关系。

　　现实社会中确实有许多人从事的职业并不是其在学校中所学的专业,然而从职业素质积累的角度和人才培养成果的角度而言,毕业生进入社会后所选择的第一个职业是否与所学专业相同或相关联,则会对未来的个人职业发展速度与成功几率有着非常重要的影响。因此有人认为,在社会分工逐渐细化、各行各业所需要的知识技能越来越专业的现实环境里,初次就业的毕业生想要在非所学专业的职业岗位上从事陌生的工作任务,必须要花费更多的时间和精力,付出更大的代价。所以入学之前的专业选择就显得尤为重要,已经选择了专业的学生在就业时尽量争取让自己所学的专业和即将从事的职业产生关联,是比较可取的。当然,不同的人在职业与专业对应程度的选择上有各自不同的考虑,不同的出发点、判断依据和对职业与专业关系的认识差异和对专业特性与职业特性的理解,导致各种不同的职业选择。不同的职业岗位需要不同的知识、技能及综合素质条件,而不同的知识和技能则主要依靠相应的专业学习与实践所培养的。一般而言我们所选择的专业当然应该是与职业目标所需要的知识和技能相应的专业,然而从专业与职业的实际对应相关系看,它们之间的关系既是相互联系的又是相互交错的。

　　从就业的角度来讲职业的专业特性可大致概括为三种:专业特性强的职业、专业特性灵活的职业和专业特性弱的职业。

　　(1)专业特性强的职业。此类职业对从业者的专业素质要求较强,例如数控机床的操作与维护人员,必须由数控技术专业的毕业生来担任。飞机驾驶员这一职业也必须由飞行专业的人员来担任,其他还有医生、护士、律师、列车驾驶员、会计、警察、网络工程师等。这一类职业的专业技术含量较高,专业针对性较为单一,其职业生涯规划所具备的优点是,学生在进行专业选择时可以较为直接地确定职业取向,进行职业发展规划时也较为容易地找到职业发展路径的参照,同时其中一些职业因其具有较强的专业技术含量,所以职业稳定性和薪金待遇往往较其他职业要更具优势。此类职业的不足方面是,因其专业指向性过强,使相对应专业的学习者在就业时的职业选择受到局限,就业面较窄,职业适应性较为单一。同时一些专业特性强的职业往往用工数量有限,造成职业用工饱和,致使出现较强的就业竞争。

　　(2)专业特性灵活的职业。此类职业对从业者的专业性要求具有变通性,具有一定的专业适应范围,可接受相关或相近专业的毕业生作为从业者。如广告设计师这一职业岗位的工作,可由艺术设计、视觉传达、广告设计、艺术设计、工业设计等多个专业的毕业生担任。这一类的职业还有收银员、新闻记者、导游、策划营销员、计算机管理员、企事业单位的美工等,一般都可以由相近或相关联专业的人员担任。其职业优势是就业者具有更多的选择性,便于职业间的相互借鉴和职业转换,有利于相关专业的毕业生发挥更多的潜在专长。其不足是职业变化的可能性较大,导致从业者在职业成长阶段职业稳定性降低。

(3)专业特性弱的职业。此类职业对从业者的专业技术性能力要求较低,适应的专业较为宽泛。但这并不意味着此类职业对从业者的素质都要求不高,恰恰相反,此种类型的某些职业对从业者综合素质的要求,往往高于其他普通的职业,比如企业管理人员、养老院护理员、行政秘书、企事业单位综合办公室的工作人员、外联人员、推销员、讲解员等,此类职业不同于以简单的体力劳动为主的职业和简单的重复性劳动的职业,从事上述职业则需要面对各种不同的人群和服务、管理对象,因此要求从业者具备更高的心理素质、应变能力、语言表达能力、统筹规划能力,以及组织能力、沟通能力、协作能力和管理能力等。这类职业的优点是为不同专业的求职者提供更多的选择机会,能够发挥从业者专业知识技能以外的潜在能力。而另一方面是这类职业工作内容灵活多变,对从业者的适应能力要求高,而且此类职业往往具有挑战性,容易产生压力感,同时工作时间往往不固定,难以享受正常的休假。

在制定职业规划之初,应该对所学专业与可选职业之间的关系进行对照,在不同专业特性的职业中进行分析比较,衡量不同职业之间的优势与不足,从而对职业的专业特性做出理性的认识。

3. 成功职业者的关键素质

对取得人生和事业成功的关键要素进行了解和掌握,能帮助我们制定出更加切实可行的职业规划,并从制定规划之初就开始将其落实与实施。中国先秦时期的儒家圣贤子思在其所著的伟大经典《中庸》当中,提出了成功者所必须具备的三个关键素质,就是"智、仁、勇",称为"三达德"。"智、仁、勇三者,天下之达德也,所以行之者一也。或生而知之,或学而知之,或困而知之,及其知之,一也。或安而行之,或困而行之,或勉强而行之,及其成功,一也。""智"就是智慧能力,"仁"就是仁爱道德,"勇"就是勇气信念。无论古今中外,无论从事何种职业,这三种素质都是实现人生与事业成功所必不可少的,通达天下而皆准,所以称之为"三达德"。

(1)智慧。其中,"智"所指的并不是人们通常所理解的"聪明"。监狱里的诈骗犯都是"聪明人",却因为缺少正确的智慧而自食苦果。智慧是指人对自身与外在事物客观、理性、清醒的认知力、判断力和抉择能力。智慧就像照亮前行道路的明灯,能够让我们在纷繁复杂的社会环境和职业生涯中,明辨是与非、邪与正、真与伪、利与害。比如远途开车,在路上会有数不清的路口,只有正确的抉择才会保证我们不走冤枉路。诗人艾青曾经说过："人生虽然漫长,但关键处往往只有几步。"尤其是在人生面临重要转机的关键时刻做出正确的抉择,才能到达成功的彼岸。"智慧"大体来自两个方面:平和的心态与经验的获得。心安则理得,理得则智显,正如诸葛亮所言:澹泊明智,宁静致远。善于保持心态平和的人,更容易具备睿智的抉择力,所谓"每临大事有静气"。在经验的获得上,分为直接经验和间接经验。直接经验就是我们从实践探索中亲自获得的经验体会,间接经验就是通过学习他人的经验而获得的知识。中华文化中叫做"知行合一"、"解行并重"。"解"就是学习成功经验、掌握理论知识;"行"就是亲自实践。这就像学习游泳的道理一样,必须将理论指导和实践探索相结合,才能具备解决实际问题的智慧和能力。

(2) 人格。"仁"是指人的道德素质。有句话讲"有才有德是优等品,有德无才是次等品,有才无德是危险品"。内心充满道德感的人,会拥有良好的人际关系,而好的人际关系又会为我们创造更多的成功机遇。现在大多数的公司来学校招聘员工的时候,最看重的不是学习分数高低、会多少个软件,而是首先要求人品素质。有的公司甚至提出,只要人品好,那些类似软件操作的技术能力到公司后再去培训。一项针对大学毕业生职业发展情况的调查显示,在经营业绩良好的大中型公司任高级管理职务和高级技术职务的都是品学兼优的毕业生。此外,道德水平的高低还直接关系人的幸福感、心理健康、人际关系和身体健康。一个对周围的人怀有仁爱、关怀和感恩之心的人,首先其内心就一定是阳光明媚、纯净健康的,这样的人很少抱怨,烦恼很轻,所以健康的内心自然会带来健康的身体。内心充满爱与阳光的人,做官是最快乐的官员,经商是最快乐的商人,蹬三轮是最快乐的三轮车夫,做什么都是幸福的。而方向迷茫、内心焦虑、欲望贪婪的人做什么都不快乐。所以,内心健康、乐观无私、懂得爱与感恩的人,是最幸福的人。因此,做一个有道德的人,是获得身心健康、取得事业成功的必备条件。

(3) 信念。"勇"是指坚韧不拔的信念和勤奋不懈的毅力。而信念的形成往往来自于兴趣的培养和深化。我们都知道,当人们从事自己感兴趣的事情时,就不容易感觉到疲倦,所谓"乐此不疲"。而当兴趣与职业发展相结合,从而转化为理想信念时,就能够产生强大的工作动力和勤奋、主动的进取精神。如果能够将这种信念深化为人的毕生追求和人生准则,那么这样的信念就升华为了信仰,这个过程就是"兴趣—信念—信仰"。所谓信仰,就是人生的行为准则、终极目标和前进的动力。有信仰的人永远是充实的,信仰坚定的人必然拥有无畏的勇气。人不一定要信仰宗教,但人不能没有正确的信仰,甚至可以说缺失正确信仰的人生不是完整的人生。因为信仰就像轮船的船舵、汽车的方向盘、探险者的指南针和大海上的灯塔,

只有拥有正确的人生信仰，职业与人生的发展才会更有保障。

（4）素质结构。在当今时代，一生亲手创办了两家世界五百强企业、被称为日本"经营之圣"的著名企业家稻盛和夫先生，始终用中国的传统文化理念经营和管理企业。他结合自己的人生体会，列出了一个"人生和职业成功的方程式"，即：成功＝人格（道德）×热情（勤奋）×能力（天赋）。其中的三要素"能力"、"人格"与"热情"，正是"智"、"仁"、"勇"三达德现代版本的演绎。其中"人格"就是"仁"（道德），"热情"就是"勇"（信念），"能力"就是"智"（智慧）。稻盛和夫先生为公式中的各个要素分别赋予了不同的分值范围：人格理念（－100 分～100 分），能力（0 分～100 分），努力（0 分～100 分）。稻盛先生就这个公式和分值设定做了具体的阐释。"能力"主要指先天的智力和体力，根据"能力"的个体差异，用 0～100 分来表示。"热情"（或称努力）也因人而异。从饱食终日、无所事事的懒汉到忘我工作的模范，也用 0～100 分来表示。

4. 十年后的自己

人生的理想目标只有通过勤奋努力的行动才能成为现实的结果。不能积极行动的人，理想就会变为空想。

著名影星周迅曾在一篇《想想十年后的自己》的文章中，记述了她的一个重要的成长经历："1993 年 5 月的一天，教我专业课的赵老师突然找我谈话：'周迅，你能告诉我，你对于未来的打算吗？'我愣住了。老师笑了：'你现在就想想，十年以后你会是什么样？'沉默许久，我看着老师的眼睛，忽然就很坚定地说：'我希望十年后的自己成为最好的女演员，同时可以发行一张属于自己的音乐专辑。'老师说：'好，既然你确定了，我们就把这个目标倒着算回来。十年以后，你 28 岁，那时你是一个红透半边天的大明星，同时出了一张专辑。那么你 27 岁的时候，除了接拍各种名导演的戏以外，一定还要有一个完整的音乐作品，可以拿给很多很多的唱片公司听，对不对？

25岁的时候,在演艺事业上你就要不断进行学习和思考。另外在音乐方面一定要有很棒的作品开始录音了。23岁就必须接受各种培训和训练,包括音乐上和形体上的。20岁的时候就要开始作曲、作词。在演戏方面就要接拍大一点的角色了,老师的话说得很轻松,但是我却感到一阵恐惧。这样推下来,我应该马上着手为自己的理想做准备了,可是我现在却什么都不会,什么都没想过,仍然为小的角色沾沾自喜。我觉得有一种强大的压力忽然朝自己袭来。老师平静地笑着说:'周迅,你是一棵好苗子,但是你对人生缺少规划,散漫而且混乱。我希望你能在空闲的时候,想想十年以后的自己,到底要过什么样的生活,到底要实现什么样的目标。如果你确定了目标,那么希望你从现在就开始做。'一年以后,我从艺校毕业了,老师的话从那天开始一直刻在了我的心底:想想十年后的自己。是的,当我意识到这是一个问题的时候,我发现我整个人都觉醒了。"

行动是实现志向的途径,而积极明确的理想规划则是积极行动的动力源泉。志向的规划建立往往刚开始只是定一个大的框架和总的方向,需要在规划实施的实践行动中才能让志向逐步清晰并且更加符合实际。小的志向和短期的规划可根据实施过程中的实际情况做适当调整,但大的目标和总体规划不能轻易改变。在长远志向和总体规划框架下,要制定具体的分阶段行动目标和行动方案,阶段性目标都指向同一个方向,就能分阶段实现理想。这就像车灯与旅途的关系,夜间行驶的汽车,车灯只能照到前方5米远的地方,但只要大的方向不变,一个个5米连接起来就能达到长远的目的地。所以,理想规划的实施要做到目标高远、脚踏实地。就是要从眼前的小事做起,从处事待物、穿衣吃饭、作息起居、结朋交友开始,养成良好的生活习惯、学习习惯和工作习惯。中国古代思想家荀子在《劝学篇》中就说道:"不积跬步无以致千里,不积小流无以成江海。"不能脚踏实地,好高骛远、没有良好生活习惯的人,志向就不容易实现。

5. 完成你的使命

个人是构成社会的基本元素,社会人的个体状态,直接关系着社会的整体状态。因此社会成员个人的职业发展和人生追求,直接关系着社会的整体发展乃至人类文明的进步,从这一角度来讲,每一位社会成员都负有不可推卸的社会使命。由于作为个体的社会人所扮演的社会角色的不同、个人能力的不同、思想观念的不同,乃至所处的时代和社会环境的不同等客观存在的差别性,每个人的社会使命也不尽相同。从职业生涯规划的制定、实施直至人生理想的实现过程,其实就是在个人价值与社会价值相统一的过程中完成自己的人生使命。所以,制定与实施职业生涯规划,用最简单的语言来表述就是:找到自己的使命,完成它。

　　我国正处于一个全面改革的时代,经济发展方式和社会结构都在发生改变。作为青年学生,能够适应未来的社会经济发展,关键在于从现在开始做好职业生涯规划。树立远大的志向,做好人生的规划,就能避免在碌碌无为中荒废人生。我们不需要羡慕别人,更不要抱怨别人,每个人都是别人的理想,同时也是羡慕别人的人。要知道每个人都是独特的,每个人都有属于自己的人生使命,做好自己才是最重要的。我们作为有正常思维能力的人,首先要从自己做起,用我们正常的智慧建立起正确的人生观、价值观和世界观,做一个有正确人生理想的人,做一个有道德原则的人,做一个有智慧学识的人,做一个有坚强的意志品格、懂得感恩并且真诚关爱他人的人,这样,我们就会沿着正确的方向持续地前进,也就一定能够获得职业的成功和幸福美满的人生。

第1章　明确自己的职业性向

学习目标

(1) 认知目标：了解职业兴趣基本类型与个性特征类型。
(2) 技能目标：利用测量工具测试自己的职业性向。
(3) 态度目标：正确评价自身优点不足，树立职业成功的信心。

任务 1.1　职业兴趣测试与诊断

案例导入

兴趣和职业的交锋

高婷只有 23 岁，打扮时髦、充满活力，然后在谈及自身工作时却十分焦虑和不安。

原来，高婷在校攻读的是文秘大专，刚刚毕业两年多，已经换过四家公司，她说，自己的每份工作都不如意，都不是自己的兴趣所在。

"我在高考选专业时犯了个错误。我父母认为，女孩子就应该干点轻松的工作，我那时成绩平平，对学习什么根本没多考虑。但现在我挺后悔的，对这个专业没兴趣。"

她对文秘专业的失落来自她前两份的工作。毕业时进入了一家事业单位，做行政秘书，每天就是接电话、管理办公用品、预定会议室等。"在别的同事眼里，我就是个打杂的，这种感觉真没法接受"。干了不到 3 个月，她就辞职了。

她又来到一个商贸公司做办公室秘书,高婷以为这回的工作应该好一些,也许更有意思。没想到做了几个月,和前一份工作感觉差不多,这让她对文秘工作彻底失去了兴趣。

"我的理想是干一份能体现个人价值,并且值得努力奋斗的工作。只有符合自己兴趣的工作才能带来这些,才能证明自己存在的价值,充满激情地不断创造和发展。"

经过努力,高婷终于在一家营销企业做起了销售代表。而这家公司的销售业务中,有相当多的内容也需要通过电话销售来积累客户,尤其对于新手来说更是如此,开始一两周,高婷觉得挺有意思,但时间稍长,她感到了日复一日的枯燥和巨大的压力。

"我每天又陷入大量的电话之中,说着同样的话,重复同样的内容。而且,推销就可能面临着客户的拒绝,每打一个电话之前都要鼓起相当大的勇气,真让人难受。"

那一阵的每天早上,高婷一睁眼就会想到被拒绝的沮丧感和堆积如山的销售任务,让她根本没勇气起床。连续迟到几天后,她再次提出辞职。理由是:一份连起床都不能按时的工作一定不适合自己,不是自己的兴趣所在。

高婷后来琢磨,还是先掌握一门技术,然后再向商业领域发展。她用四个月的时间考了 MCSE 认证(微软认证系统工程师),然后通过介绍,进入当地移动公司做计算机维护人员。机房的工作不忙,可以学到很多计算机专业知识,但高婷依然不满意,因为在机房维护机器,平时接触的就几个人,再加上倒班制,通常每天只有她一个人上班,跟别人沟通的机会很少,几个月下来,高婷觉得很压抑。

"我本来挺外向的,可现在都快不会和别人说话了。如果再这样下去,担心自己在沟通上会出问题。眼看毕业都两年多了,一点发展也没有。我不想平平淡淡地过一辈子,尝试了这么多工作,都没有感兴趣的,希望你能告诉我,我的兴趣究竟是什么?"

在经过职业性向的测评后,根据《职业发展测评报告》,结合高婷的专业背景,高婷发现她并不适合技术方面,所以选了销售和市场方面寻求机会,并决定深入了解这一行业,锻炼自己能力。

【评议】人们在评价对一份工作是否满意时,职业兴趣的影响力所占比重越来越大,青年人也越来越强调彰显个性,强调自我。上述案例给我们带来三个启示:一是明确职业兴趣对高职高专院校学生设定人生目标、实现人生价值至关重要;二是职业兴趣与职业不相关之时,对个人职业的顺利发展和人生价值的实现有着消极影响;三是职业兴趣不是只凭感觉就能找到的,需要进行科学测评,同时要在实践中不断地探索和强化。

任务要求

认真阅读并按照要求回答"霍兰德职业兴趣岛测验"问题,确定自己的职业兴趣组合,对照霍兰德职业代码表,确定自己的职业类型,帮助自己把握好职业定位和方向。

职业兴趣岛测试

我们先来参观一下 6 个神奇的职业兴趣岛:

图 1-1　职业兴趣岛

A 岛——"美丽浪漫岛"。这个岛上到处是美术馆、音乐厅,弥漫着浓厚的艺术文化气息。岛民们保留着传统的舞蹈、音乐与绘画。许多文艺界人士都喜欢来到这里开沙龙派对寻求灵感。

C 岛——"现代井然岛"。处处耸立着的现代建筑,标志着这是一个进步的、都市形态的岛屿,岛上的户政管理、地政管理及金融管理都十分完善。岛民们个性冷静保守,处事有条不紊,善于组织规划。

E 岛——"显赫富庶岛"。该岛经济高度发展,到处都有高级饭店、俱乐部、高尔夫球场。岛民性格热情豪爽,善于企业经营和贸易活动。岛上往来者多是企业家、经理人、政治家、律师等。这些商界名流与上等阶层人士在岛上享受着高品质生活。

I 岛——"深思冥想岛"。这个岛平畴绿野,人少僻静,适合夜观星象。岛上有很多天文馆、科技博物馆、科学图书馆。岛民们最喜欢猫在自己的小房子里,天天钻研学问,沉思冥想,探究真知。哲学家、科学家和心理学家们在这里约会,讨论学术,交流思想。

R 岛——"自然原始岛"。这是个自然生态优良的绿色之岛。岛上不仅保留着热带雨林等原始生态系统,而且建立了相当规模的植物园、动物园、水族馆。岛民以手工制造见长,他们自己种植花果,栽培蔬菜,修缮房屋,打造器物,制作工具。

S 岛——"温暖友善岛"。这个岛的岛民们都性情温和,乐于助人,人际关系十分友善。大家互助合作,重视教育后代。每个社区都能自成一个密切互动的服务网络,处处充满着人文关怀气息。

你总共有 15 秒钟时间回答以下问题:

(1) 如果你必须在 6 个岛之中的一个岛上生活一辈子,成为这里岛民的一员,你第一会选择哪一个岛?

(2) 你第二会选择哪一个岛?

(3) 你第三会选择哪一个岛?

(4) 你打死都不愿意选择哪一个岛?

选好之后,依次记下 4 个问题的答案。

测试分析:ACEIRS 这 6 个岛事实上分别代表了 6 种职业类型,它们的描述以及矛盾关系如下:

A 岛——艺术型(Artistic) vs C 岛——常规型(Conventional)

E 岛——企业型(Enterprising) vs I 岛——研究型(Investigative)

R 岛——实用型(Realistic) vs S 岛——社会型(Social)

问题 1 的答案体现了你最显著的职业性格特征、最喜欢的活动类型以及最喜欢(很可能是最适合)的大致职业范围。反之,问题 4 的答案则是你最不喜欢的活动等。

具体内容如下：

A 岛——艺术型（Artistic）

总体特征：属于理想主义者，具有独创的思维方式和丰富的想象力，直觉强烈，感情丰富。喜欢活动：喜欢创造和自我表达类型的活动，如音乐、美术、写作、戏剧。喜欢职业：总体来讲，喜欢"非精细管理的创意"类和创造类的工作。如：音乐家、作曲家、乐队指挥、美术家、漫画家、作家、诗人、舞蹈家、演员、戏剧导演、广告设计师、室内装潢设计师。

C 岛——常规型（Conventional）

总体特征：追求秩序感，自我抑制，顺从，防卫心理强，追求实际，回避创造性活动。喜欢活动：喜欢固定的、有秩序的活动，如组织和处理数据等。愿意在一个大的机构中处于从属地位，并希望确切知道工作的要求和标准。喜欢职业：总体来讲，喜欢有清楚的规范和要求的、按部就班、精打细算、追求效率的工作。如：税务专家、会计师、银行出纳、簿记、行政助理、秘书、档案文书、计算机操作员。

E 岛——企业型（Enterprising）

总体特征：为人乐观，喜欢冒险，行事冲动，对自己充满自信，精力旺盛，喜好发表意见和见解。喜欢活动：喜欢领导和影响别人，或为达到个人或组织的目的而说服别人，成就一番事业。喜欢职业：总体来讲，喜欢那种需要运用领导能力、人际能力、说服能力来达成组织目标的职业。如：商业管理者、市场或销售经理、营销人员、采购员、投资商、电视制片人、保险代理、政治运动领袖、公关人员、律师。

I 岛——研究型（Investigative）

总体特征：自主独立，好奇心强烈，敏感，慎重，重视分析与内省，爱好抽象推理等智力活动。喜欢活动：喜欢独立的活动，比如独自去探索、研究、理解、思考那些需要严谨分析的抽象问题，独自处理一些信息、观点及理论。喜欢职业：总体来讲，喜欢以观察、学习、探索、分析、评估或解决问题为主要内容的工作。如：实验室工作人员、物理学家、化学家、生物学家、工程师、程序设计员、社会学家。

R 岛——实用型（Realistic）

总体特征：个性平和稳重，看重物质，追求实际效果，喜欢实际动手进行操作实践。喜欢活动：愿意从事事务性活动，如户外劳作或操作机器，而不喜欢待在办公室里。喜欢职业：总体来讲，喜欢与户外、动植物、实物、工具、机器打交道的工作内容。如：农业、林业、渔业、野外生活管理业、制造业、机械业、技术贸易业、特种工程师、军事工作。

S 岛——社会型（Social）

总体特征：洞察力强，乐于助人，善于合作，重视友谊，热情关心他人的幸福，有强烈的社会责任感,总是关心自己的工作能对他人及社会做多大贡献。喜欢活动:喜欢与别人合作的活动,帮助别人解决困难。喜欢职业:总体来讲,喜欢帮助、支持、教导类工作。如:牧师、心理咨询员、社会工作者、教师、辅导员、医护人员、其他各种服务性行业人员。

为了更进一步分析,将问题 1/2/3 的答案依次排列,可形成一个不同岛屿的字母代码组合(如:问题 1/2/3 的答案分别是 A 岛、C 岛、I 岛,组合起来就是 ACI),对照表 1-1 中的"兴趣组合"一项,相应找出与自己的答案最接近的排列组合,即找到了可能会使自己真正感兴趣的职业。问题 4 的答案将作为排除某些组合时所用的参考标准。最后,请大家参照职业代码对职业兴趣和职业类型进行定位。

相关知识

高职院校学生为了获得所向往的未来,需要为自己提供尽可能多的选择机会,以获取自己满意的职业。为此,你必须真正地了解自己。在这里,要挖掘的是真正的你,所以选择"职业性向"。职业性向是指一个人所具有的有利于其在某一职业方面成功的素质的总和,它是与职业方向相对应的个性特征,也指由个性决定的职业选择偏好。其基本内容是职业兴趣。

一、什么是职业兴趣

(1)兴趣是一种特殊的心理倾向,是个体针对特定的人、物和活动所产生或具有的喜爱态度和情绪。通常兴趣会促使个体产生强烈的参与和选择倾向,积极认知和实践。兴趣呈现多样性,不同的人兴趣不同;同一人也有多种不同的兴趣。有的人对自然感兴趣,对花草树木情有独钟;有的人则喜欢表达,乐此不疲地与人交往和沟通;有的人却更倾向于理性世界,喜欢逻辑分析,对数学推理痴迷;有的人喜欢技能操作,对车、钳、刨、洗、摄影等兴趣浓厚。正是因为有了多样的兴趣,才呈现出了百态人生。

(2)职业兴趣是指人们对某种职业活动具有的比较稳定而持久的心理倾向。它是一个人探究某种职业或从事某种职业活动所表现出来的特殊个性倾向,它使个人对某种职业给予优先的注意,并具有向往的情感。职业兴趣也会促使甚至决定个体对职业的选择,会激励个体在职业实践中的创造性。作为兴趣的一种,职业兴趣的个体差异十分明显。这里既有职业差异对个体的要求不同,也有个体自身在生理、心理、教育、社会经济地位、环境背景等方面的不同,这些差异的存在也使得个体在选择职业及开展职业活动时会有意或无意地受制于职业兴趣。因此,职业兴趣反映了职业特点和个体特点之间的匹配关系,是人们进行职业选择的重要依据和指南。

二、职业兴趣在职业生涯发展中的作用

1. 职业兴趣影响职业定向和职业选择

著名的职业经理人李开复先生的专业选择和职业选择方面就受了职业兴趣的极大影响。起初他读大学时选择的是法律专业,而当他一年后发现自己对法律没有兴趣,也没有成为一名律师的意愿,可对计算机却非常有兴趣。浓厚的兴趣也促使他每天都盼望着晚上去电脑室进行探索和研究,往往一不留神就是一个通宵。接触计算机后,他给自己提出了很多问题,"未来这种技术能够思考吗? 能够让人类更有效率吗? 计算机有一天会取代人脑吗?"而他知道,解决这样的问题才是其一生的意义所在。在老师鼓励和自己慎重分析后,他在大二决定转入哥伦比亚大学默默无名的计算机系。想起当年的人生选择,他感慨地说道:"若不是那天的决定,今天我就不会拥有计算机领域的成就,很可能只是在美国某个小镇上,做着一个既不成功又不快乐的律师。"

2. 职业兴趣能够开发人的潜能,激发人的探索与创造

职业兴趣是创新的源泉。良好而稳定的兴趣使人从事各种实践活动时,具有高度的自觉性和积极性,使人能最大限度地去挖掘潜能,在职业实践活动中充分施展才华,创造出新的业绩,或有一个发展空间。反之,如果你对所从事的职业不感兴趣,就会影响你积极性的发挥,难以从职业生活中得到心理上的满足,不利于工作上的成就。有关研究资料表明,如果一个人对某个工作有兴趣,他便能发挥其全部才能的 $80\%\sim90\%$,如果一个人对所从事的工作不感兴趣,他在工作中只能发挥其全部才能的 $20\%\sim30\%$ 。

3. 职业兴趣能够增强人的职业适应性和稳定性

一个人在从事他所感兴趣的工作时,能很快地熟悉和融入新的工作环境,在工作中也会产生强烈的兴趣和满足感,成为职业活动的主人,能积极主动地分析、设计工作环节,最大限度地发挥才能,长时间保持工作的高效率,并对工作岗位产生浓厚的感情;反之,如果对工作没有兴趣或者难以激发兴趣时,工作容易成为负担,工作中的个体会痛苦和无奈,消极怠工、应付了事。总之,职业兴趣使人们明确自己的主观性向,从而能得到最适宜的活动情景并给予最大的关注与能力投入,从而增强人的职业适应性和稳定性。

三、职业兴趣的培养

经过对职业兴趣自我检测和诊断,同学们也明确了自己的职业兴趣,也能通过

对照职业代码找到与自身职业兴趣相符的职业类型。通过检测，我们可能发现，有的同学自我测评结果与自我判断基本一致，但某些同学可能与检测前的判断有很大偏差，这是为什么呢？其实这与同学们之前没有认真分析自身的职业兴趣、没有联系自身实际而设定理想有很大关系。这也提醒我们，要不断进行职业兴趣分析与探索活动，加深对自己职业兴趣的认知。同时，我们也应该认识到职业兴趣是可以培养的，通过不断满足社会的职业需要，在一定的学习与教育条件下形成和发展起来，就可以培养积极健康的职业兴趣。职业兴趣培养中应注意以下几个问题：

（1）高职院校学生应培养广泛的兴趣。广泛的兴趣不仅可以让高职院校学生活更加丰富多彩，还可以为其自身成长和成才提供动力。广泛的兴趣既可以让我们拓展知识、开阔眼界，也可以创新思维和提升想象能力。在专业学习和职业实践上，具有广泛职业兴趣的高职院校学生，由于知识丰富、思维敏捷，在研究自己专业和职业领域的事物时会有更多创意，也更容易取得成就。

（2）高职院校学生要有意识地明确职业兴趣。兴趣广泛是成功的基石，它们可以激发我们保持一颗不断探索的心。但人的精力和时间都是有限的，如果没有既定的职业兴趣，我们在众多事物和众多方向和职业中就会迷失，三心二意、浅尝辄止，难以有所作为。案例的主人公高就是因为没有明确自己的职业兴趣，走了很多冤枉路。所以，要采取科学合理的检测方式，明确自身的职业兴趣，并有意识地培养自己在这一方面的兴趣，促使其深入发展，为自己未来的职业之路打下坚实基础。

（3）高职院校学生的职业兴趣应该与实际相符。我们在确定和培养职业兴趣之时，必须结合个人、学校和社会的实际情况，不能一味求高求新。对于高职学生来说，结合自己所学专业，认真分析社会的职业需求以确定和培养自身职业兴趣，就会使自身的职业兴趣有良好的客观基础，经过自身努力后，人生目标更容易实现。所以，在职业生涯中，要注意寻找切实的职业兴趣。此外，兴趣有很多种，有的是业余爱好，有的是职业兴趣，在选择和决定时最好经过深入思考并进行科学评测，选择更有发展机会的选项。

（4）高职院校学生要注重职业兴趣的稳定性。兴趣的稳定性即兴趣持续时间的长短，也叫持久性，兴趣稳定而持久，才能推动人去深入钻研问题，从而获得系统的科学知识，取得良好的工作成绩。有些人的兴趣缺乏稳定性，他们对任何事物都可能产生浓厚兴趣，甚至达到狂热和迷恋的程度，但这种兴趣又会很快地被另一种兴趣所代替。这类人常常朝三暮四，缺乏恒心。不论在生活中或是实践领域中，都不可能取得最有成效的成果。个体只有在某一方面有稳定持久的兴趣，才能有更多的精力深入钻研,也就更容易成功。

相关链接

霍兰德职业性向理论

目前,在职业兴趣测试环节,约翰·霍兰德职业兴趣测评具有较高的准确性,大量应用在指导求学、求职和工作转换等方面。霍兰德认为兴趣是人们活动的巨大动力,人们凡是对有兴趣的职业,都可以提高其积极性,促使其积极地、愉快地从事该职业,并有助于在该职业上取得成功。

1. 职业兴趣的类型

霍兰德认为人的职业兴趣可分为现实型、研究型、艺术型、社会型、企业型和常规型等六种类型。

这六种人格类型的特征分别是:

现实型(R):其基本的倾向是喜欢以物、机械、动物、工作等为对象,从事有规则的、明确的、有序的、系统的活动。因此,这类人偏好的是以机械和物为对象的技能性和技术性职业。为了胜任,他们需要具备与机械、电气技术等有关的能力。他们的性格往往是顺应、具体、朴实的,社交能力则比较缺乏。

研究型(I):其基本的倾向是分析型的、智慧的、有探究心的和内省的,喜欢根据观察而对物理的、生物的、文化的现象进行抽象的、创造性的研究活动。因此,这类人偏好的是智力的、抽象的、分析的、独立的、带有研究性质的职业活动,诸如科学家、医生、工程师等。

艺术型(A):其基本的倾向是具有想象、冲动、直觉、无秩序、情绪化、理想化、有创意、不重实际等特点,他们喜欢艺术性的职业环境,也具备语言、美术、音乐、演艺等方面的艺术能力,擅长以形态和语言来创作艺术作品,而对事务性的工作则难以胜任。文学创作、音乐、美术、演艺等职业特别适合于他们。

社会型(S):其基本的倾向是合作、友善、助人、负责任、圆滑、善于社交言谈、善解人意等。他们喜欢社会交往,关心社会问题,具有教育能力和善意与人相处等人际关系方面的能力,适合这一类人的典型的职业有教师、公务员、咨询员、社会工作者等以与人接触为中心的社会服务型的工作。

企业型(E):其基本的倾向是喜欢冒险、精力充沛、善于社交、自信心强。他们强烈关注目标的追求,喜欢从事为获得利益而操纵、驱动他人的活动。由于具备优秀的主导性和对人说服、接触的能力,这一类型的人特别适合从事领导工作或企业经营管理的职业。

常规型(C):其基本的倾向是顺从、谨慎、保守、实际、稳重、有效率、善于自我控制。他们喜欢从事记录、整理档案资料、操作办公机械、处理数据资料等有系统、有条理的活动,具备文书、算术等能力,适合他们从事的典型职业包括事务员、会计师、银行职员等。

2. 职业类型之间的关系

在人所处的社会环境中,职业也可相应地分为六种类型。这六种类型按照一个固定的顺序可排成一个六角形(见图1-2),两个类型之间的职业是过渡类型的职业。

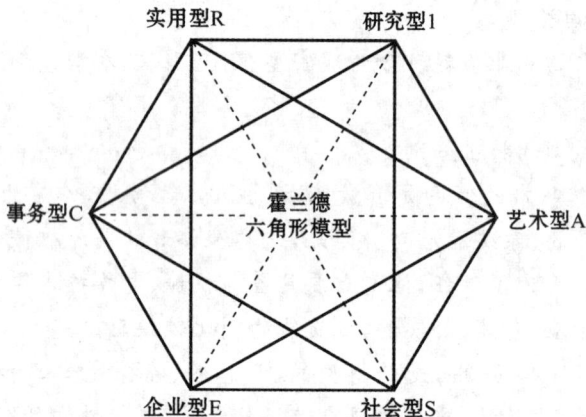

图 1-2　霍兰德的六角形模型(Holland,1997)

可以看到,图形的每一个角代表一个职业性向。根据霍兰德的研究,图中某两种性向是相邻的话,那么他将会很容易选定一种职业。如果此人的性向是相互对立的,那么他在进行职业选择时将会面临较多的犹豫不决的情况。人总是寻找适合个人人格类型的环境,锻炼相应的技巧与能力,从而表现出各自的态度及价值观,面对相似的问题,扮演相应的角色。

3. 霍兰德职业代码

人们通常倾向选择与自我兴趣类型匹配的职业环境,如具有现实型兴趣的人希望在现实型的职业环境中工作,这样可以最好地发挥个人的潜能。但在具体职业选择中,个体并非一定要选择与自己兴趣完全对应的职业环境,这主要是因为个体本身通常是多种兴趣类型的综合体,出现单一类型显著突出的情况不多,因此评价个体的兴趣类型时也时常以其在六大类型中得分居前三位的类型组合而成,组合时根据每个类型得分高低依次排列字母，构成其兴趣组型，如 EIS、AIS 等（见表 1-1）。

表 1-1 霍兰德职业代码表

兴趣组合	职 业 名 称	职 业 类 别	领 域	职 位 层 级
ACI	图书馆管理员	管理员	教育	技术员工
AER	艺术指导	艺术指导	戏剧表演	艺术指导
	设计师（服装/平面/室内）	设计师	艺术设计	设计师
	平面设计师	设计师	艺术设计	设计师
	室内设计师	设计师	艺术设计	设计师
AES	广告经理	经理	市场营销	管理人员
	表演歌手	歌手	戏剧表演	歌手
	作曲家	艺术家	戏剧表演	艺术家
	演员	演员	戏剧表演	演员
	制片人	制片人	戏剧表演	制片人
	导演	导演	制造加工	高级技术员工
	广告文案	广告人员	市场营销	广告人员
	漫画家	艺术家	艺术设计	艺术家
AIE	新闻记者	记者	媒体	记者
AIS	技术性作家	作家	媒体	作家
ARE	陈列设计师	设计师	艺术设计	设计师
	专业摄影师	摄影师	戏剧表演	摄影师
	摄影师	摄影师	媒体	摄影师
ARI	画家	艺术家	艺术设计	艺术家
	场景设计师	设计师	戏剧表演	设计师
	科学摄影师	摄影师	媒体	摄影师
ARS	产品设计师	设计师	艺术设计	设计师
	素描画家	艺术家	艺术设计	艺术家

（续表）

兴趣组合	职 业 名 称	职业类别	领域	职位层级
ASE	广播电视播音员	播音员	媒体	播音员
	音乐指挥	艺术家	戏剧表演	艺术家
	编辑	编辑	媒体	编辑
ASI	艺术教师	大学教师	教育	教师
	语言教师	大学教师	教育	教师
	翻译	翻译	媒体	翻译
ASR	舞蹈演员	演员	戏剧表演	演员
CEI	预算分析师	顾问	财务	顾问
	审计师	顾问	咨询	顾问
	精算师	精算师	保险	顾问
	会计	会计	财务	员工
CRE	仓库管理员	管理员	物流	员工
	机场控制中心主管	主管	交通运输	管理人员
CRI	工程测量人员	测量人员	建筑工程	技术人员
	建筑监理	监理	建筑工程	管理人员
CRS	邮递员	邮递员	邮电服务	员工
	电话总机接线员	接线员	行政后勤	员工
CSR	设备工程师	工程师	制造加工	技术人员
EAS	公关顾问	顾问	咨询	顾问
ECR	经理（物流/仓储）	经理	物流	管理人员
	生产经理	经理	制造加工	管理人员
	HR主管（福利/培训/招聘）	经理	人力资源	管理人员
	旅游代理人	代理人	旅游休闲	代理人
	保险销售员	销售员	保险	销售人员
EIC	工业工程师	工程师	制造加工	技术员工
EIS	保险理赔人员	保险人员	保险	普通员工

（续表）

兴趣组合	职 业 名 称	职业类别	领域	职位层级
ERC	生产线线长	主管	制造加工	基层管理人员
	建筑项目经理	经理	建筑工程	管理人员
	司机管理员	主管	交通运输	基层管理人员
	维修主管	主管	客户服务	管理人员
ERI	销售工程师	工程师	市场营销	技术员工
ERS	教练	教练	体育	教练
	产品演示人员	销售员	市场营销	销售人员
	精密设备销售人员	销售员	市场营销	销售人员
ESA	经纪人	经纪人	个人服务	经纪人
ESC	HR 经理	经理	人力资源	管理人员
ESI	法官	法官	法律	法官
ESR	警察	警察	社会安全	警察
	医疗设备销售员	销售员	市场营销	销售人员
	零售人员	销售员	市场营销	销售人员
	官员	官员	X	管理人员
	首席执行官	执行官	管理运营	高层管理人员
	经理（销售/市场/客户服务）	经理	市场营销	管理人员
	经理（行政）	经理	行政后勤	管理人员
	经理（财务）	经理	财务	销售人员
	会务人员	会务人员	行政后勤	员工
	电话销售员	销售员	市场营销	销售人员
ICA	数学家	科学家	科学研究	科学家
ICE	HR 顾问	顾问	管理	顾问
	财务分析师	顾问	财务	

（续表）

兴趣组合	职业名称	职业类别	领域	职位层级
ICR	技术支持工程师	工程师	IT技术/设计	技术员工
	统计学家	科学家	科学研究	科学家
	系统分析师	顾问	IT技术/设计	顾问
	工业工程技术人员	技术员	制造加工	技术员工
	药剂师	医务人员	医疗	医务人员
IEC	管理顾问	顾问	咨询	顾问
	计算机安全工程师	工程师	IT技术/设计	技术员工
IES	营养专家	顾问	服务	顾问
IRA	材料工程师	工程师	材料科学	高级技术员工
	生物工程师	工程师	生命科学	高级技术员工
IRC	计算机程序员	工程师	IT技术/设计	技术员工
	IT实施工程师	工程师	IT技术/设计	技术员工
	计算机安全专家	顾问	IT技术/设计	顾问
	化学工程师	工程师	能源/化工	技术员工
	电子工程师	工程师	电子电器	技术员工
IRE	网络工程师	工程师	IT技术/设计	技术员工
IRS	外科医生	医生	医疗	高级医务人员
	牙医	医生	医疗	高级医务人员
ISA	临床助理	医生助理	医疗	技术员工
	生命科学教师	大学教师	教育	教师
	保健教师	教师	教育	教师
RAC	建筑制图员	技术人员	建筑工程	基层员工
	玻璃雕刻师	工艺员工	艺术设计	技术员工
	装订员	操作人员	印刷/包装	基层员工
RAI	建筑师	工程师	建筑工程	高级技术员工
	音响师	操作人员	媒体/娱乐	高级技术员工

（续表）

兴趣组合	职业名称	职业类别	领域	职位层级
RCE	制版员	操作人员	印刷包装	基层员工
	食品加工工人	操作人员	食品	基层员工
	通讯设备安装人员	技术员	信息通讯	技术员工
	商业设备安装人员	技术员	IT技术/技术	技术员工
	裁判	裁判	体育	体育人员
RCI	制图工程师（电子）	工程师	电子电器	技术员工
	制图工程师（机械）	工程师	机械自动化	技术员工
	机械测量人员	技术员	机械自动化	技术员工
	精密制造（加工）操作员	操作人员	制造加工	技术员工
	制造系统维护员	操作人员	制造加工	技术员工
	数控设备程序员	工程师	制造加工	高级技术员工
	机械设备（含汽车）维修人员	技术员	机械自动化	技术员工
	电子电器（含计算机）维修人员	技术员	电子电器	技术员工
REC	轮船工程师	工程师	交通运输	技术员工
	船长	船长	交通运输	管理层
	列车长	列车长	交通运输	管理层
REI	客机飞行员	技术人员	交通运输	技术员工
RIC	计算机硬件工程师	工程师	IT技术/设计	技术员工
	电气工程师	工程师	工程类	技术员工
	海洋工程师	工程师	工程类	技术员工
	机械工程师	工程师	工程类	技术员工
	电子电器技工	技术工人	工程类/生产类	技术员工

（续表）

兴趣组合	职业名称	职业类别	领域	职位层级
RCE	机械装配员	生产人员	制造	基层技术员工
	机械技师	技师	制造	技术员工
	飞机维护员	技师	交通	技术员工
	系统软件工程师	工程师	IT技术/设计	高级技术员工
	土木工程师	工程师	建筑工程	技术员工
RSE	消防员	公共安全人员	公共事务	基层员工
SAE	职业咨询师	顾问	个人服务	顾问
	商业教师	大学教师	教育	教师
	播音员	播音员	媒体	播音员
SAI	幼儿教师	幼儿教师	教育	教师
SEA	学校辅导员	顾问	个人服务	顾问
SEC	个人理财顾问	顾问	个人服务	顾问
	培训发展顾问	顾问	企业服务	顾问
SEI	中小学校长	校长	教育	校长
	职业健康专家	顾问	企业服务	顾问
SIA	心理咨询师	顾问	个人服务	顾问
	小学教师	小学教师	教育	教师
	经济学教师	大学教师	教育	教师
SIC	助教	大学老师	教育	教师
SIR	护士	护士	医疗	医务人员
SRI	体能教练	教练	体育	教练
	理疗医生	医生	医疗	高级医务人员
	食疗专家	顾问	个人服务	顾问

学习评价与反馈

任务	存在的问题	改进措施

收获与感悟：

指导教师评语：

教师签名：

课外实践活动

将你所有兴趣写在一张纸上,并对照霍兰德职业代码进行对照。判断哪些兴趣与你未来的职业发展关系密切？哪些兴趣可作为业余爱好。

建议:在教师的指导下,将学生分成兴趣小组并选出小组组长。由小组组长组织大家分析并讨论。最后将与未来职业发展相关的兴趣明确写到学习评价与反馈表中。

任务 1.2　性格测试与诊断

案例导入

一根筋的应聘者

两年前,我曾帮助浙江一家民营制造企业招聘新员工。有一次,我带着助手和司机参加了在浙江一所大学里举办的招聘会。我不太喜欢坐在"摊位"前接待应聘者,而是在周围逛来逛去,看看这里的应聘情况。不一会儿,我注意到我的"摊位"前似乎发生了一些小争执,就上前去看个究竟。原来,我的助手有事临时离座而由司机代为接收递来的简历,而一位化学工艺专业的毕业生,为填写简历上"家庭成员"一栏的称呼,断然拒绝我那位司机要求他在纵栏"家庭成员"、横栏"关系"之间的空格上填写"父亲"、"母亲",而坚持要填写"父子"、"母子"。这惹得我们那位司机很不高兴,但我知道,这位学生的填写才是对的。

我一时对这位头脑"一根筋"的小家伙产生了兴趣,就上前很温和地问他:

"你想应聘的这家公司是浙江一家很优秀的企业,为了这么一点小事,就跟招聘的人发生争执,你觉得犯得着吗？"

他显然误把我当作他们学校里还不认识的某一位老师了,说:"对就是对,错就是错嘛！"

"我是说,为这样的小对小错,丢掉一个可能的机会,那你就不对了。"

"老师,这样一家对这么明显的错误都不愿意改正的公司,会给人带来机会吗？"

小家伙有点憨态，也固执得可以。我忍不住接过他的简历瞄了一眼，他在"应聘岗位"一栏中，明明白白写着的是：质管部长助理。

他那份乏善可陈的成绩单，并没有妨碍我省略了其他面试等程序立即在现场就录用了他。我去哪儿能那么容易找到这样一个连自己是不是被录用都不在乎，却对一点点的小错也决不放过、不惜跟人翻脸的质管部长助理？

【评议】真正成功的应聘，往往是由于你坚持了自己的性格"本色"，正如真正的职业成就不可能是在长期扭曲自己的性格中获得的。通过上面案例，我们不难发现，性格之所以对我们的职业规划和职业发展影响深远，最主要的是因为性格不同，大家的思维方式、跟外界的接触方式都不一样。所以，性格对职业规划的影响是巨大而深远的。在我们进行职业规划和职业决策的时候，一定不能忽略性格对职业的影响。

任务要求

运用 MBTI 性格测试工具进行自我测评。按要求填写性格测试汇总表，计算每项的总分，并依据总分明确性格的优势类型，确定自己的性格代码。然后根据 MBTI 的四维八极图表查找自己的性格特征和职业岗位。

注意事项：

（1）请在心态平和及时间充足的情况下开始答题。

（2）每道题目均有两个答案：A 和 B。请仔细阅读题目，按照与你性格相符的程度分别给 A 和 B 赋予一个分数，并使一组中的两个分数之和为 5。最后，请在问卷后的答题纸上相应的方格内填上相应的分数。

（3）请注意，题目的答案无对错之分，你不需要考虑哪个答案"应该"更好，而且不要在任何问题上思考太久，而是应该凭你心里的第一反应做出选择。

（4）如果你觉得在不同的情境里，两个答案或许都能反映你的倾向，请选择一个对于你的行为方式来说最自然、最顺畅和最从容的答案。

例子："你参与社交聚会时"

A. 总是能认识新朋友。（4）

B. 只跟几个亲密挚友呆在一起。（1）

很明显，你参与社交聚会时有时能认识新朋友，有时又会只跟几个亲密挚友呆在一起，在以上的例子中，我们给总是能认识新朋友打了 4 分，而给只跟几个亲密挚友呆在一起打了1分。当然,在你看来,也可能是"3+2"或者"5+0",也可以是其他的组合。

请在以下范围内一一对应地选择你对以下项目的赋值:

最小 ─────────────────────────────────── 最大

0　　　　　1　　　　　2　　　　　3　　　　　4　　　　　5

1. 当你遇到新朋友时,你

A. 说话的时间与聆听的时间相当。(　　　)

B. 聆听的时间会比说话的时间多。(　　　)

2. 下列哪一种是你的一般生活取向?

A. 只管做吧。(　　　)　　　　　B. 找出多种不同选择。(　　　)

3. 你喜欢自己的哪种性格?

A. 冷静而理性。(　　　)　　　　　B. 热情而体谅。(　　　)

4. 你擅长

A. 在有需要时间时同时协调进行多项工作专注在某一项工作上,直至把它完成为止。(　　　)

5. 你参与社交聚会时

A. 总是能认识新朋友。(　　　)　　　B. 只跟几个亲密挚友呆在一起。(　　　)

6. 当你尝试了解某些事情时,一般你会

A. 先要了解细节。(　　　)

B. 先了解整体情况,细节容后再谈。(　　　)

7. 你对下列哪方面较感兴趣?

A. 知道别人的想法。(　　　)　　　B. 知道别人的感受。(　　　)

8. 你较喜欢下列哪个工作?

A. 能让你迅速和即时做出反应。(　　　)

B. 能让你定出目标,然后逐步达成目标的工作。(　　　)

下列哪一种说法较适合你?

9. A. 当我与友人尽兴后,我会感到精力充沛,并会继续追求这种欢娱。(　　　)

B. 当我与友人尽兴后,我会感到疲累,觉得需要一些空间。(　　　)

10. A. 我较有兴趣知道别人的经历,例如他们做过什么?认识什么人?(　　　)

B. 我较有兴趣知道别人的计划和梦想,例如他们会往哪里去?憧憬什么?
(　　　)

11. A. 我擅长订出一些可行的计划。（　　　）

　　B. 我擅长促成别人同意一些计划,并衷力合作。（　　　）

12. A. 我会突然尝试做某些事,看看会有什么事情发生。（　　　）

　　B. 我尝试做任何事前,都想事先知道可能有什么事情发生。（　　　）

13. A. 我经常边说话,边思考。（　　　）

　　B. 我在说话前,通常会思考要说的话。（　　　）

14. A. 四周的实际环境对我很重要,而且会影响我的感受。（　　　）

　　B. 如果我喜欢所做的事情,气氛对我而言并不是那么重要。（　　　）

15. A. 我喜欢分析,心思缜密。（　　　）

　　B. 我对人感兴趣,关心他们所发生的事。（　　　）

16. A. 即使已出计划,我也喜欢探讨其他新的方案。（　　　）

　　B. 一旦定出计划,我便希望能依计行事。（　　　）

17. A. 认识我的人,一般都知道什么对我来说是重要的。（　　　）

　　B. 除了我感觉亲近的人,我不会对人说出什么对我来说是重要的。（　　　）

18. A. 如果我喜欢某种活动,我会经常进行这种活动。（　　　）

　　B. 我一旦熟悉某种活动后,便希望转而尝试其他新的活动。（　　　）

19. A. 当我作决定的时候,我更多地考虑正反两面的观点,并且会推理与质
　　　证。（　　　）

　　B. 当我作决定的时候,我会更多地了解其他人的想法,并希望能够达成
　　　共识。（　　　）

20. A. 当我专注做某件事情时,需要不时停下来休息。（　　　）

　　B. 当我专注做某件事情时,不希望受到任何干扰。（　　　）

21. A. 我独处太久,便会感到不安。（　　　）

　　B. 若没有足够的自处时间,我便会感到烦躁不安。（　　　）

22. A. 我对一些没有实际用途的意念不感兴趣。（　　　）

　　B. 我喜欢意念本身,并享受想象意念的过程。（　　　）

23. A. 当进行谈判时,我依靠自己的知识和技巧。（　　　）

　　B. 当进行谈判时,我会拉拢其他人至同一阵线。（　　　）

当你放假时,你多数会怎样?

24. A. 随遇而安,做当时想做的事。（　　　）

　　B. 为想做的事情订出时间表。（　　　）

25. A. 花多些时间与别人共度。（　　　）

　　B. 花多些时间自己阅读、散步或者发白日梦。（　　　）

26. A. 返回你喜欢的地方度假。（　　　）

　　B. 选择前往一些你从未到达的地方。（　　　）

27. A. 带着一些与工作或学校有关的事情。（　　　）

　　B. 处理一些对你重要的人际关系。（　　　）

28. A. 忘记平时发生的事情，专心享乐。（　　　）

　　B. 想着假期过后要准备的事情。（　　　）

29. A. 参观著名景点。（　　　）

　　B. 花时间逛博物馆和一些较为幽静的地方。（　　　）

30. A. 在喜欢的餐厅用膳。（　　　）

　　B. 尝试新的菜式。（　　　）

下列哪个说法最能贴切形容你对自己的看法？

31. A. 别人认为我会公正处事，并且尊重他人。（　　　）

　　B. 别人相信在他们有需要时，我会在他们身边。（　　　）

32. A. 随机应变。（　　　）　　　　B. 按照计划行事。（　　　）

33. A. 坦率。（　　　）　　　　　　B. 深沉。（　　　）

34. A. 留意事实。（　　　）　　　　B. 注重事实。（　　　）

35. A. 知识广博。（　　　）　　　　B. 善解人意。（　　　）

36. A. 容易适应转变。（　　　）　　B. 处事井井有条。（　　　）

37. A. 爽朗。（　　　）　　　　　　B. 沉稳。（　　　）

38. A. 实事求是。（　　　）　　　　B. 富有想象力。（　　　）

39. A. 喜欢询问实情。（　　　）　　B. 喜欢探索感受。（　　　）

40. A. 不断接受新意见。（　　　）　B. 着眼达成目标。（　　　）

41. A. 率直。（　　　）　　　　　　B. 内敛。（　　　）

42. A. 实事求是。（　　　）　　　　B. 远目大光。（　　　）

43. A. 公正。（　　　）　　　　　　B. 宽容。（　　　）

你会倾向怎样？

44. A. 暂时放下不愉快的事情，直至心情好时才处理。（　　　）

　　B. 及时处理不愉快的事情，务求把它们抛诸脑后。（　　　）

45. A. 自己的工作被欣赏,即使你自己并不满意。(   )
    B. 创造一些有长远价值的东西,但不一定需在别人知道是你做的。(   )

46. A. 在自己有兴趣的范畴,积累丰富的经验。(   )
    B. 有种不同的经验。(   )

哪一句较能表达你的看法?

47. A. 感情用事的人较容易犯错。(   )
    B. 逻辑思维会令人自以为是,因而容易犯错。(   )

48. A. 犹豫不决必失败。(   )
    B. 三思而后行。(   )

请回过头看一看你给每个问题所分配的分数。现在那些分数应该向下面所显示那样加在一起:

表1-2 性格测试汇总表

	A	B		A	B		A	B		A	B
1			2			3			4		
5			6			7			8		
9			10			11			12		
13			14			15			16		
17			18			19			20		
21			22			23			24		
25			26			27			28		
29			30			31			32		
33			34			35			36		
37			38			39			40		
41			42			43			44		
45			46			47			48		
SUM											
	E	I		S	N		T	F		J	P

现在,将每项总得分转移到下列各个空白处,也就是说,你们在纬度 E 名下的总得分记在 E 上面的空格处,在纬度 I 名下的总得分记在 I 上面的空格处,如此类推。

总得分

E ＿＿＿＿＿＿＿＿＿＿＿＿＿＿＿＿＿＿＿＿＿

S ＿＿＿＿＿＿＿＿＿＿＿＿＿＿＿＿＿＿＿＿＿

T ＿＿＿＿＿＿＿＿＿＿＿＿＿＿＿＿＿＿＿＿＿

J ＿＿＿＿＿＿＿＿＿＿＿＿＿＿＿＿＿＿＿＿＿

总得分

I ＿＿＿＿＿＿＿＿＿＿＿＿＿＿＿＿＿＿＿＿＿

N ＿＿＿＿＿＿＿＿＿＿＿＿＿＿＿＿＿＿＿＿＿

F ＿＿＿＿＿＿＿＿＿＿＿＿＿＿＿＿＿＿＿＿＿

P ＿＿＿＿＿＿＿＿＿＿＿＿＿＿＿＿＿＿＿＿＿

以上 8 个偏好两两成对,也就是说,E 和 I,S 和 N,T 和 F,J 和 P,各自是一对组合。

在每一对组合中,比较该组合中的偏好的得分孰高孰低,高的那个就是你的优势类型。比如说,E 得到 22 分,I 得到 13 分,那么 E 就是优势类型;S 得到 19 分,N 得到 21 分,N 就是优势类型。如果同分的话,选择后面那一组,即:I、N、F、P。对四对组合都做比较后,会得到一个由四个字母组成的优势类型,如:ENFP、ISTJ 等,把它写在下面的横线上。

测试问卷所揭示的优势类型是:＿＿＿＿＿＿＿＿＿＿＿＿＿＿＿

然后结合每个字母所指代的内容,就是你的性格代码,由此也能明确你最终的性格。

相关知识

认识自己,了解自身的性格特征,也是高职院校学生进行"职业性向"认知的重要内容。一个人的工作满意度和生活满意度,除了取决于其个人职业兴趣外,还有很重要的一个方面,就是取决于其性格。它决定一个人是否能适应某一工作的工作情景或生活方式,也决定着职业发展的长远。爱因斯坦对性格曾有一段很经典的论述:"优秀的性格和钢铁般的意志比智慧和博学更为重要……智力上的成就在很大程度上依赖于性格的伟大,这一点往往超出人们通常的认识。"那你的性格又是怎样呢？经过上述测试，同学们应该对了解自己的性格有了极大的兴趣，下面就让我们开始了解相关的理论知识。

一、什么是性格

性格是指个体以先天生理素质为基础，经过后天不断的社会实践活动的影响和不同环境的熏陶，逐渐形成的比较稳定的心理特征。性格也称为人格特质，表现为个体在特定的生活情境中在面对具体的人、物及外在环境所表现出特有的应对方式。因此，个体在日常生活中的所表现的态度和行为表现都能反映特定的性格。正所谓"龙生九子，各个不同"。个体的生理禀赋和所处的社会环境的差异也使个人的性格多种多样。恩格斯说："刻画一个人物不仅应表现他做什么，而且应表现他怎样做。""做什么"和"怎样做"说明了个体的目标、追求和选择，体现了人的动机和态度。所以，了解一个人必须了解其性格。

二、性格特征

1. 性格所具有的态度特征

态度特征表现为个人在面对社会、集体、个人时所表现出的态度，包括富有同情心、善交际，为人正直、直率，或者与此相对立的冷漠、孤僻、拘谨、虚伪。在对劳动和工作态度方面，包括勤劳或懒惰，有无责任心，认真仔细或粗心马虎，有首创精神或墨守成规等。对自己，包括谦虚或自傲，自信或自卑，大方或者羞怯等。

2. 性格所具有的意志特征

自我调节和自我控制在个人实践中有重要作用，这些在性格层面表现为"意志"。不同性格的人在意志方面表现不同，如：某些人有很好的目的性、组织性、纪律性，能主动设计，做事有恒心，处事果断、勇敢。有的意志薄弱，面对困难和问题容易冲动、盲目、散漫，不能主动出击，只能等待吩咐和指令，做事虎头蛇尾，没有恒心，白白浪费了很多机会。

3. 性格所具有的情感特征

时移则事易，在不同的时期和环境下，外界事物对个人的作用和意义有很大差异，个人也总会以差异为基础，对该事物产生不同的态度，如喜爱、肯定、乐观等，相反则是厌恶、否定、悲观等。

4. 性格所具有的理智特征

作为在实践活动中逐渐形成的心理特征，性格的形成和转变有着个人不断的强化，这些主要是依赖于个体在解决具体问题中对所处世界的认识逐步深化，同时，这些也直接影响着个人的思维。如性格不同的人在观察、分析、想象等方面有着很大差异。

三、性格对职业的影响

性格是个体职业发展中的关键因素,二者之间是相互促进又相互制约的辩证关系。了解自身性格、明确性格对职业的影响是高职院校学生进行科学的职业生涯规划的前提。

1. 性格影响职业的选择

人作为具有主观能动性的个体存在,其性格在很大程度上影响了职业选择,甚至决定了职业的方向。这是为什么呢? 因为,个人性格是在继承先天禀赋和接受后天教育中逐渐形成的,是思想、行为和习惯的集合,个人在思考和实践时性格都在起着作用。比如,有的人的性格测试为建筑师型(INTP),其性格表现为内倾直觉思维知觉,在现实中他会喜欢思考多于社交活动,善于分析。在选择职业时他的性格就会驱使他选择与自己性格相符的职业,如科技工作者。

2. 性格影响职业的发展

性格对职业发展有促进作用,选择与自己性格相符的职业才会充分发挥一个人的长处。同时,性格对个人的职业发展也可能产生阻碍,如果从事着与自己性格差异较大或者相反的工作,个人在职业生涯中就更容易出现懈怠、疲惫、应付了事,既感受不到工作的快乐,也难以实现自己的人生价值。此外,良好的性格对个人职业的健康发展至关重要。国外研究发现,在有成就的杰出人物中,绝大多数人属于性格坚强、有毅力、人缘和谐的类型,其中有的人要经过数年甚至数十年的努力,花费大量的精力和劳动,才能取得一项或几项成果,在他们身上,很少有那种暴躁、冲动、懦弱等不良性格。

3. 长期的职业生涯也会改变个人性格

现实中,每种工作都对从业者的性格有特定的要求,这些要求会对个人性格产生很大影响,给人们贴上职业的标签。比如一位工程技术人员的工作,从计划、生产、生产准备、检查到、设计、实施等各个环节都有严格的要求,他必须做到工作调理清晰、秩序井然、数据精确,才能保证工程的顺利开展。长期的工作生涯会让工程技术人员形成严谨认真、一丝不苟、精益求精、善于合作等性格特征。

大学阶段是性格形成的关键时期,可塑性很大,只要充分认识自己、了解自己,注意扬长避短,加强修炼,就能铸造出适应各种社会环境的性格,使自己成为自身命运的主宰者。许多伟大的科学家对性格都非常看重,他们所提出的勤奋、顽强、进取、自信、独立、敢于冒险、责任感等都是良好的性格特征。所以,高职院校学生应该根据自身性格特点,选择更适合发挥自己性格特长的工作。

相关链接

MBTI 理论及主要内容

1. MBTI 理论

MBTI 的理论由美国的凯恩琳·布里格斯和她的女儿伊莎贝尔·布里格斯·迈尔斯制定的,主要用于衡量个人类型偏好。MBTI 理论有许多研究数据支持的心理测评工具,在帮助确定人的性格特征方面有着较高的信度和效度,自 20 世纪 80 年代后逐渐获得人们的认同。如今,已经被广泛应用到了解自我发展、组织发展、团队建设、管理与领导培训、婚姻辅导、职业发展和指导、问题解决、人际关系咨询等方面。MBTI 理论以瑞士心理学家荣格划分的 8 种类型为基础,加以扩展,形成了四个维度,这四个维度就是四把标尺,每个人的性格都会落在标尺的某个点上,这个点靠近那个端点,就意味着这个人就有哪方面的偏好。

(1)外倾—内倾。内外倾向是区分个体最基本的维度。人类以自己作为标准,可以将世界分为外部世界和内部世界。外倾的人倾向于将注意力和精力投注在外部世界,即外在的人、物及环境等,而内倾的人则相反,较为关注自我的内部状况,如内心情感、思想。两种类型的个体在自己偏好的世界里会感觉自在、充满活力,而到相反的世界里则会不安、疲惫。

表 1-3　内倾型与外倾型的特征比较

外倾型(E)	内倾型(I)
与他人相处精力充沛	独处时光精力充沛
行动,之后思考	思考,之后行动
喜欢边想边说出声	在心中思考问题
易于"读"和了解;随意地分享个人情况	更封闭,更愿意在经挑选的小群体中分享个人的情况
说的多于听的	听的比说的多
高度热情地社交	不把兴奋说出来
反应快,喜欢快节奏	仔细考虑后,才有所反应
重于广度而不是深度	喜欢深度而不是广度

在对照上述标准之时,我们应该认真分析到底以什么样的方式行事,才是自己感觉最好的、最习惯的。当然,对照分析也不是绝对一一对应,只要大部分相似就可以进行判断。

(2)感觉—直觉。根据接受信息的方式不同,可以将人分成感觉型和直觉型。二者区别如下:首先,面对同样的情景,两者的注意中心不同,依赖的信息通道也不同。感觉型的人关注的是事实本身,注重细节,而直觉型的人注重的是基于事实的含义、关系和结论;感觉型的人信赖五官听到、看到、闻到、感觉到、尝到的实实在在、有形有据的事实和信息,而直觉型的人注重"第六感觉",注重"弦外之音",直觉型的人的许多结论在感觉型的人眼里,也许是飘忽的、不实在的。其次,感觉型的人对待任务时,习惯于按照规则、手册办事,比如照着手册使用家电,看着地图辨认交通路线,而直觉型的人,习惯尝试,跟着感觉走,他不习惯仔细地看完一大本说明书再动手,结果呢? 可能比感觉型的人更快地完成了任务,也可能因为失败而重新开始。感觉型习惯于固守现实,享受现实,使用已有的技能,直觉型的人更习惯变化、突破现实。简言之,感觉型注意"是什么",实际而仔细。直觉型则更关心"可能是什么"。具体如表1-4所示:

表1-4　感觉型与直觉型的特征比较

感觉型(S)	直觉型(N)
相信确定和有型的东西	相信灵感和推断
不喜欢新想法——除非它们有实际意义	为了自己的利益,喜欢新思想和概念
重视现实性和常情	重视想象力和独创力
喜欢使用和琢磨已知的技能	喜欢学习新技能,但掌握之后很容易就厌倦了
留心具体的和特殊的;进行细节描述	留心普遍的和有象征性的;使用隐喻和类比
循序渐进地讲述有关情况	跳跃性地展现事实
着眼于现实	以一种绕圈子的方式着眼于未来

在我们的周围,多数人兼有两种特质,但其中一种会更突出一些,成为本人的特色,也由此可以确定本人的类型。

(3)思维—情感。从作决策的方式,可以将人分为思维型和情感型。情感型的人常从自我的价值观念出发,变通地贯彻规章制度,做出一些自己认定是对的决策,比较关注决策可能给他人带来的情绪体验,人情味较浓。思维型的人则比较注重依据客观事实的分析，一以贯之、一视同仁地贯彻规章制度，不太习惯根据人情因素变通，哪怕做出的决定并不令人舒服。具体区别如表 1-5 所示：

表 1-5　思维型与情感型的特征区别

思维型（T）	情感型（F）
退后一步思考，对问题进行非个人因素的分析	超前思考，考虑行为对他人的影响
重视符合逻辑、公正、公平的价值；一视同仁	重视同情与和睦；重视准则的例外性
被认为冷酷、麻木、漠不关心	被认为感情过多，缺少逻辑性，软弱
认为圆通比坦率更重要	认为圆通与坦率同样重要
只有情感符合逻辑时，才认为它可取	无论是否有意义，认为任何感情都可取
渴望成就而激励	为了获得欣赏而激励
很自然地看到缺点，倾向于批评	

　　不同性别的个体在这个维度上的偏好有所差异，据研究，大约 2/3 的女性偏好情感型，2/3 的男性偏好思维型。这是什么原因造成的？也许社会本身对不同性别的人就给予了不同的期待，期待女性的同情心，期待男性的冷静、客观。看看你的性格在这个维度上会有什么样的偏好？

　　（4）判断—知觉。从个人喜好的生活方式来看，可以将人分为判断型和知觉型。如果我们看看人们的办公桌上、包内或柜子里摆放的物品，可以发现，有些人是井然有序，而有些人就不那么习惯于保持整齐，前者是判断型具有的特征，后者是知觉型的人经常有的状态。不仅如此，在处事方式上，判断型的人目的性较强，一板一眼，他们喜欢有计划、有条理的世界，更愿意以比较有序的方式生活。知觉型的人好奇性、适宜性强，他们会不断关注新的信息，喜欢变化，也会考虑许多可能的变化因素，更愿意以比较灵活、随意、开放的方式生活。在做决策时，判断型的人较为果断，而知觉型的人总希望获得更多信息后再决断。两者的具体区别如表 1-6 所示：

表 1-6　判断型与知觉型的特征区别

判断型（J）	知觉型（P）
做了决定后最为高兴	当各种选择都存在时，感到高兴
有"工作原则"：工作第一，玩其次	"玩的原则"：现在享受，然后再完成工作
建立目标，准时地完成	随着新信息的获取，不断改变目标

（续表）

判断型（J）	知觉型（P）
愿意知道它们将面对的情况	喜欢适应新情况
着重结果（重点在于完成任务）	着重过程（重点在于如何完成工作）
满足感来源于完成计划	满足感来源于计划的开始
把时间看作有限的资源，认真地对待最后期限	认为时间是可更新的资源，而最后期限也可改变。

事实上，多数人两种倾向兼有，只是更偏向某一端。我们在日常生活、工作中，也会受其他因素影响，改变一贯的方式，如面临紧急的或期限明确的任务，知觉型的人也会果断起来。兴致所至，也会把物品收拾得整整齐齐，但这些并不是他们常有的行为方式，也不是他们内心感到真正自然、舒服的方式。作为个体，一方面根据内心的感受识别自我的偏好，发挥优势，另一方面，则要约束一下性格的弱点。如完全的判断型，比较容易走入刻板、教条的境地，完全的知觉型则容易使事情的进行没有限制。看看最后一个维度上，你的偏好是什么？

心理类型理论包括下述部分：类型的四维八极及其个性特征、类型的功能等级和类型的终生发展。如表1-7所示。

表1-7　四维八极的知识图表

注：I：内倾　E：外倾　S：感觉　N：直觉　T：思维　F：情感　J：判断　P：知觉

检查者型（ISTJ）	保护者型（ISFJ）	劝告者型（INFJ）	策划者型（INTJ）
沉静、认真；贯彻始终，得人信赖而取得成功。讲求实际，重视事实，能够合情合理地去解决应做的事情，而且坚定不移的把它完成，不会因外界事物而分散精神；以做事情有次序、有条理为乐，重视传统和忠诚	沉静、友善，有责任感，谨慎；能坚定不移地承担责任；做事贯彻始终，不辞劳苦，准确无误；忠诚，替人着想，细心；往往记着他所重视的人的种种微小事情，关心别人的感受；努力创造一个有秩序、和谐的工作和家居环境	寻求思想、关系、物质等之间意义和联系；希望了解什么能够激励人，对人有很强的洞察力；有责任心，坚持自己的价值观；对于怎样更好地服务大众有清晰的远景；在对于目标的实现过程中有计划而且果断坚定	在实现自己的想法和达成自己的目标时有创新的想法和非凡的动力；能很快洞察到外界事物间的规律并形成长期的远景计划；一旦决定做一件事就会开始规划并直到完成为止；多疑、独立，对于自己能力和表现的要求都非常高

（续表）

手工艺者型（ISTP）	创作者型（ISFP）	化解者型（INFP）	建筑师型（INTP）
容忍，有弹性；是冷静的观察着，每当有问题出现，便迅速行动，找出可行的解决方法；能够分析哪些东西可以使事情进行顺利；没有能力从大量资料中，找出实际问题的重心；很重视实践的前因后果，能够以理性的原则把事实组织起来，重视效率	沉静、友善，敏感、仁慈，欣赏目前和他们周遭所发生的事；喜欢有自己的空间，做事能把握自己的时间；忠于自己所重视的人，不喜欢争论和冲突，不会强迫别人接受自己的意见或价值观	理想主义者，忠于自己的价值观及自己所重视的人；外在的生活与内在的价值观配合，有好奇心，很快看到事情的可能与否，能够加速对理念的实践；试图了解别人，协助别人发展潜能；适应力强，有弹性；如果和他们的价值观没有提出，往往能包容他人	对任何感兴趣的事物，都要探索一个合理的解释；喜欢理论和抽象的事情，喜欢理念思维多于社交活动；沉静、满足，有弹性，适应力强，在感兴趣的范畴内，有非凡的能力去专注而深入地解决问题；有怀疑精神，有时喜欢批判，善于分析
创业者型（ESTP）	表演者型（ESFP）	奋斗者型（ENFP）	发明家型（ENTP）
忍耐力强，实际，注重结果；认为理论和抽象的解释非常无趣；喜欢积极地采取行动解决问题；注重当前，自然不做作，享受和他人在一起的时刻；喜欢物质享受和时尚；学习新事物最有效的方式是通过亲身感受和联系	外向、友善、包容；热爱生活和物质上的享受；喜欢与别人共事。在工作上，讲究尝试和适用性，注意现实的情况，使工作富趣味性；富有灵活性，即兴型，自然不做作，易接受新朋友和适应新环境；与别人在一起学习新技能可以达到最佳的学习效果	热情洋溢、富有想象力；认为生活充满很多可能性，能很快地将事情和信息联系起来，然后很自信地根据自己的判断解决问题；非常需要别人的肯定，乐于欣赏和支持别人；灵活、自然不做作，有很强的即兴发挥的能力，言语流畅	反应快、睿智，有激励别人的能力，警觉性强、直言不讳；在解决新的、具有挑战性的问题时机智而有策略；善于找出理论上的可能性，然后再用战略的眼光分析；善于理解别人，不喜欢例行公事，很少会用相同的方法做相同的事情，倾向于循序渐进地发展新的爱好

（续表）

监督者型(ESTJ)	供应者型(ESFJ)	教导者型(ENFJ)	陆军元帅型(ENTJ)
讲究实际，注重现实，注重事实；果断做出实际可行的决定；善于将项目和人组织起来把事情完成，并尽可能以最有效的方法达到目的，能够注意例行工作的细节；有一套清晰的逻辑标准，系统性地遵循，并希望他人也同样遵循，以较强硬的态度去执行计划	有爱心、责任心，喜欢合作；希望周边的环境温馨而和谐，并为此果断地营造这样的环境；喜欢和他人一起精确并及时地完成任务；忠诚，即使在细微的事情上也如此；能体察到他人在日常生活中的所需并竭尽全力帮助；希望自己和自己的所为能受到他人的认可和赏识	温情、有同情心，反应敏捷，有责任感；非常关注他人的情绪、需要和动机；善于发现他人的钱恩呢该，并希望能帮助让人实现；能够成为个人或群体成长和进步的催化剂；忠诚，对赞美和批评都能做出积极的回应；友善，好社交；在团体中善于帮助他人，并有鼓舞他人的领导能力	坦诚、果断，有天生的领导能力；能很快到公司/组织程序和政策中的不合理性和低效能性，发展并实施有效和全面的系统来解决问题；善于做长期的计划和目标的设定；通常见多识广，博览群书，喜欢拓展自己的知识面并将此分享给他人，在陈述自己的想法是非常强而有力

表1-8　四维八级对应的职业岗位

ISTJ	ISFJ	INFJ	INTJ
管理者、行政管理、执法者、会计，或者其他能够让他们利用自己的经验和对细节的注意完成任务的职业	教育、健康护理(包括生理和心理)、宗教服务，或者其他能够运用自己的经验亲力其为帮助别人的职业，这种帮助是协助或辅助性的	宗教、咨询服务、教学/教导、艺术，或者其他能够促进情感、智力或精神发展的职业	科学或技术领域、计算机、法律，或者其他能够运用智力创造和技术知识去构思、分析和完成任务的职业
ISTP	**ISFP**	**INFP**	**INTP**
熟练工种、技术领域、农业、执法者、军人，及其他能让他们动手操作、分析数据或事情的职业	健康护理、商业、执法者，或者其他能够让他们友善、专注于细节的相关服务的职业	咨询服务、写作、艺术，或者其他能够让他们运用创造和集中于他们的价值观的职业	科学或技术领域，或者其他能够让他们基于对自己的专业技术知识独立、客观地分析问题的职业

（续表）

ESTP	ESFP	ENFP	ENTP
市场、熟练工种、商业执法者、应用技术，或者其他能够让他们利用行动关注必要细节的工作	健康护理、教学教导、教练、儿童保育、熟练工种，或者其他能够让他们利用外向的天性和热情去帮助那些有实际需要的人们的职业	咨询服务、教学/教导、艺术，或者是其他能够让他们利用创造和交流去帮助他人成长的职业	科学、管理者、技术艺术，或者是其他能够让他们有机会不断承担新挑战的工作
ESTJ	**ESFJ**	**ENFJ**	**ENTJ**
管理者、行政管理、执法者，或者是其他能够让他们运用对是事实的逻辑和组织完成任务的工作	教育、健康护理、宗教，或者是其他能够让他们运用个人关怀为他人提供服务的职业	艺术、教学教导，或者是其他能够让他们帮助别人在情感智力和精神上成长的职业	管理者、领导者，或者其他能够让他们运用实际分析、斩落计划和组织完成任务的职业

　　很多同学看了表1-8以后，会有种种困惑，如有一个ENFP类，在这个表格中，他的职业倾向是咨询服务、教学教导、艺术等。他就开始迷茫，如果毕业后想去当销售员或者做一些自己的事业，是不是不适合？这样的话会影响他的学习状态，长远来说可能直接动摇他的奋斗目标。

　　其实，职业倾向都是从大的类别来描述的，从表1-8上去了解自己的职业倾向，不要陷入类别名称的描述，更重要的是应该看到这一类工作的特点。如ENTP类型的同学，他性格类型是外倾、直觉、思考、知觉，他适合的工作，就是能够让其他利用创造性的发挥和无障碍的交流去帮助促进他人成长的工作。企业工作者当然也需要这样的特质。每个人将来从事的职业也不全是完全符合自己的性格特点，可能会受到现实因素的制约。是不是从事与自己的性格职业倾向不相符的工作就不能获得成功呢？其中除去个人职业价值观、职业技能、职业兴趣的影响之外，个人后天的主观努力也是至关重要的，经常用右手写字的人，用左手也能写出自己的名字，只是多花一些时间和精力而已。

　　另外，还有的同学会觉得自己的性格类型适合的职业倾向怎么不如别人的好呢，其实职业类型只有不同，没有好坏，更没有对错。每种类型都是独特的，都有适合自己发挥的环境，认识自己的性格类型，是让自己更好地了解自己，更清晰地理解自己的行为特点，根据自己的特点学习，解决问题；同时理解自己和周围同学、朋友的区别,接受这种不同。世界上没有人的性格百分之百地适合某种职业需求,也没有百分之百不适合某种职业的性格。懂得利用自己性格的长处,整合周围的资源,才是学习职业性格的目的。

学习评价与反馈

任务	存在的问题	改进措施

收获与感悟:

指导教师评语:

教师签名:

课外实践活动

组织开展一场以"性格和职业的关系"为主题的头脑风暴。

要求：在辅导员、任课教师或者班干部的指导下，在班中推选一名主持人，1～2名记录员，8～15 名同学参加。主持人根据头脑风暴的规则在会议进程中启发引导，掌握进程。记录员将与会同学的所有设想都及时编号，写在黑板等醒目处。最后由主持人或教师总结提炼活动内容。

第2章　分析面临的职业环境

学习目标

(1) 认知目标:了解社会转型和经济发展方式转变对职业人员的新要求。

(2) 技能目标:在职业指导人员帮助下,搜集职业信息,寻找职业机会。

(3) 态度目标:正确评价职业环境,抵制"拼爹"和"啃老"歪风,树立积极的职业心态。

任务2.1　社会与文化环境评估

案例导入

成功属于有心人

王晓是某城市一所大学旅游管理专业的学生,1米81的个子,颇有几分阳刚之气。他心中一直有个梦想,就是成为一名知名导游,带领来自不同国家、不同地区的游客,饱览祖国的名山大川,为我国的旅游业贡献一份力量。

王晓是个有心人,他一直在为心中的这个理想而努力。因他所在的城市是全国最佳旅游城市,他每逢上网查阅资料,都要了解一下当前的城市发展情况。一次,王晓从新闻中得知所在城市的政策对旅游业的发展特别有利,这更坚定了他成为知名导游的信念。王晓认为,除了要具备过硬的专业素质外,供职于知名的旅行社也很重要,只有到知名的旅行社工作,才能给自己赢得更多的机会。从此,王晓开始了自己实现梦想的生涯规划。

王晓每逢假日都到大型国际旅行社去实习,每次实习都能给他一些启发,使他对自己的能力和不足有了更加深刻的了解。为了弥补自己的不足之处,他到图书馆认真地查找资料,学习各种知识,同时还通过各种渠道关注当前的国家政策和城市经济的发展情况,经常买一些旅游方面的资料进行研究,为今后做一名知名导游打基础。

有了在校时的这些积累,毕业后王晓很快就被一家知名旅行社录用了,王晓又向心中的理想靠近了一步。现在的王晓已经是业界小有名气的导游了。

【评议】制订个人职业生涯规划时,要分析环境条件的特点、环境的发展变化情况、自己与环境的关系、自己在环境中的地位、环境对自己提出的要求以及环境对自己的有利条件与不利影响等。只有对这些环境因素充分了解,才能做到在复杂的环境中趋利避害,做到"知己知彼,百战不殆",职业生涯规划才具有实际意义。

任务要求

搜索你毕业后想要从事职业的相关资料,正确地分析目标就业城市的社会与文化环境,在教师的指导下填写表2-1。

表2-1　就业目标城市社会与文化环境分析表

就业目标职业		就业目标城市	
就业目标城市 地理区位情况			
就业目标城市 经济发展情况			
就业目标城市 人力资源情况			
就业目标城市 大学生就业优惠政策			
就业目标职业与 城市优略势评价			
调查学生签字		调查完成时间	

相关知识

社会环境对我们的职业生涯乃至人生发展都有重大影响。通过对社会大环境的分析，了解国家或地区的政治、经济、科技、文化、法制建设、政策要求与发展方向，有助于寻找各种职业发展机会。王晓通过对社会环境进行分析，了解到当前中国的经济持续高速增长将带动旅游业大发展的同时，给自己的发展机会也大大增加了，因此成功地规划了自己的职业生涯。人脱离不了社会，对社会环境进行了解和分析也是职业生涯规划的重要内容之一。

一、政治法律环境分析

影响职业选择的政治法律因素包括：政治体制、经济管理体制、人才流动体制和政策等。如公务员招考、工时制、最低工资的强制性规定，现行的户籍制度、住房制度、人事制度和社会保障制度，这些因素都会对职业的选择和发展产生重要的影响。从我国的实情来看，政治法律环境对高级人才的限制比较少，许多地区对引进大学生有不少优惠措施。作为大学生，要特别关注以下两个方面。

1. 大学生就业政策

大学生就业政策是国家为实现一定时期的路线、方针而制订高层次人力资源配置的行动准则，体现了一定时期社会发展的需要，是大学生就业过程中所应遵循的基本规范。我国大学生就业制度经历了一个不断发展和改革的过程，有关的政策也作过相应的调整。不同历史阶段有着不同的政策内容，政策体现着一定的导向性、调控性和约束性。

在统包统配的就业制度条件下，人力资源配置的方式同其他经济资源配置的方式都是一元化的计划控制。毕业生虽然在国家下达的分配计划内有选择个人志愿的权利，但最终必须服从学校制订的具体调配方案。在这样的政策条件下，毕业生是依附性就业。就政策特点来说，调控性和约束性极强，其导向性主要是通过政治思想教育和学生自觉服从社会需要的主导择业观来实现。在今天看来，这样的政策一定程度上忽略了学生个人的择业意愿，且易使人力资源配置失当。但是，在当时的历史条件下，有其存在的合理性，是与当时的经济体制相配套的，也曾经为经济社会的发展起过重要的作用。

目前正在运行的毕业生就业制度，是在国家就业方针、政策指导下，毕业生和用人单位双向选择的制度。虽然毕业生有自主择业的权利，但不是说就业政策就失去了导向、调控、约束的功能。用人单位有自主用工的权利，因此毕业生自主择业不是毕业生的一厢情愿或随心所欲。双向选择是选择与被选择的关系，是主客体的辩证统一，选择的双方不是谁必须服从谁的问题，而是双方在相互满足对方需要的基础上达成的一种契约关系。因此，双向选择体现毕业生就业中更本质的关系。既然是契约关系，就摆脱不了政策的导向、调控和约束。比如，单位的劳动用工政策、吸引人才的政策，发达地区和中心城市的进入控制政策，都将对毕业生择业产生重要的制约作用。而且还要看到，有些约束性的政策不是在择业期才体现出来，而是在招生时和培养过程中就形成的一种契约关系，比如对委托培养生、定向培养生以及享受专业奖学金的学生的政策等，它们直接制约着择业者的择业行为。

2. 劳动法律法规

大学生们要了解和关注劳动法律法规，对就业法律法规了解得越多，就越能增强自己的就业能力，避免在职业生涯规划方面犯错误。比如，2008 年 1 月 1 日开始施行的两部法律对大学生就业将产生极大的影响，这两部法律分别是《中华人民共和国就业促进法》（以下简称《就业促进法》）和《中华人民共和国劳动合同法》（以下简称《劳动合同法》）。

《就业促进法》对于消除就业歧视、提供公平的就业环境提供了很好的法律保障。

《劳动合同法》则成了大学生就业的双刃剑。一方面，对大学生就业的法律保障有积极作用。比如，根据《劳动合同法》的规定，用人单位需先签合同再试用，试用期包含在劳动合同期限内，大学生就业因此有了法律的保障。过去存在滥用试用期的问题，不少企业利用实习把大学生当做廉价劳动力，开始许诺干得好就录用，但干了一段后一个人都不留。这种做法在以后都是违法的。而且，只要被雇用就要签订劳动合同，这对于大学生初次就业、灵活就业、稳定就业是有积极意义的。另外，按照规定，用人单位应当向劳动者如实告知用人要求、工作岗位及内容、劳动报酬、劳动条件、规章制度等与订立和履行劳动合同有直接关系的事实情况，这对大学生就业的权益也是一种保护。另一方面，《劳动合同法》实施后大学生面临的就业竞争会更大。因为按照《劳动合同法》的规定，单位不能随便辞退员工，对企业用工的规定也更加严格。这将提高企业的用工成本，因此企业在招聘大学生时会比以前更谨慎、理性，严把进入口。大学生将来要争取一个好工作就更困难了，还会增加跳槽的难度。

二、地域环境分析

一个城市的地域环境会对该城市居民的工作、学习和生活产生直接影响，如城市的地理位置、气候条件、行业基础、经济情况、人文环境、国家政策、文化品位、居民素质、城市规划及市政环境、发展定位和发展战略等方面的差异会直接影响到大学生的职业选择和发展前途。比如，同样作为国际化大都市的北京与上海，在地域环境上存在明显的不同。北京浓厚的历史文化底蕴承载着现代文明，所以文化产业比较发达，而上海较为发达的产业则是金融产业。所以，我们在进行职业生涯规划时，根据自己的素质特点和喜好选择有利于自身发展的一些特定城市，实现个人和环境的充分融合。同时，也应该把个人喜好与国家号召结合起来，到祖国和人民需要的地方去，自觉到艰苦的地方锻炼自己，加入到西部大开发的行业之中，不仅有利于自己更快地成长，而且还能以实际行动促进国家经济发展战略的实施。

三、经济环境分析

经济环境是影响职业选择和职业发展的重要因素，高职院校学生要注意经济环境对职业生涯规划的两个方面影响。

1. 经济周期

经济周期对职业的影响是最为明显又最为复杂的。当经济处于萧条期时，企业的效率降低，对人力资源的需求减少，因而职业选择和职业发展的机会减少；当经济处于高速发展时期，企业处于扩张阶段，对人力资源需求量增加，职业选择和职业发展的机会相对增多。

2. 地区经济发展水平的差异

一般来说，在社会经济发展状况好的地区，企业数量多，优秀企业也多，人才需求量大，个人选择职业的机会就多，有利于个人职业的发展；反之，在经济发展状况差的地区，企业数量少，优秀企业也少，人才需求量小，个人选择职业的机会就少，不利于个人职业的发展。企业的经济环境主要由社会经济结构、经济发展水平、经济体制和宏观经济政策四个要素构成。

（1）社会经济结构指国民经济中不同的经济成分、不同的产业部门，以及社会再生产各个方面在组成国民经济整体时相互的适应性、量的比例及排列关联的状况。社会经济结构主要包括五个方面的内容，即产业结构、分配结构、交换结构、消费结构、技术结构。其中最重要的是产业结构。

（2）经济发展水平是指一个国家经济发展的规模、速度和所达到的水准。反映一个国家经济发展水平的常用指标有国民生产总值、国民收入、人均国民收入、经济发展速度、经济增长速度等要素。

（3）经济体制是指国家经济企业的形式。经济体制规定了国家与企业、企业

与企业、企业与各经济部门的关系,并通过一定的管理手段和方法,调控或影响社会经济流动的范围、内容和方式等。

(4)经济政策是指国家、政党制定的一定时期内国家经济发展目标实现的战略与策略,它包括综合性的全国经济发展战略和产业政策、国民收入分配政策、价格政策、物资流通政策、金融货币政策、劳动工资政策、对外贸易政策等。

(5)区域经济发展动向是要求我们认清所选的职业在社会环境中的发展过程和目前所处的社会地位,以及社会和地区发展趋势对此职业的影响。

只有把所选的职业放到社会环境中分析,才能鉴定职业方向、明确职业目标。通过对区域经济发展动向的分析,了解所在国家和地区的政治、经济、法制建设发展方向,以寻找各种适合自己的发展机会。

在当今时代,经济发展不断加快,经济全球化的程度也日趋完善。个人职业生涯的发展与世界经济的现状和发展趋势的关系越来越密切,当然最直接的是个人从业的区域经济发展及其变化趋势,因为区域经济与职业生涯发展存在着互相推动、共同发展的关系。随着用人制度的进一步市场化和户籍制度改革,毕业生就业的跨区域流动速度加快,范围更广,毕业生就业不再紧盯着出生地、学校所在地或者几个大城市,异地求职、全国网络招聘、跨区域就业、跨区域流动成为毕业生的就业趋势。同时,各地政府为吸引人才,也大力开展区域人才服务合作,实现人才资源合理配置。

在做区域经济发展动向分析时,应把重点放在两个方面:一是与职业生涯发展有直接联系的区域经济特点;二是本地区区域经济与其他地区区域经济的比较。如果本地区区域经济特点及其与其他地区区域经济之间的差异能够被正确把握,那么从业者既可以及时抓住有利于自身发展的机会,确立发展目标,也可以验证一些与个人职业生涯发展相关的外部条件——个人发展目标是否符合经济社会发展需要。从现实角度来讲,许多机会都孕育在大量细致的信息收集过程之中。在不断浏览和搜集区域经济特点信息的过程中,很多人产生了个人发展机会的灵感,找到了有特色的发展方向,从而成为职业生涯的成功人士。

四、科技环境分析

科技环境指的是企业所处的社会环境中的科技要素及与该要素直接相关的各种社会现象的集合。粗略地划分科技环境,大体包括四个基本要素:社会科技水平、社会科技力量、国家科技体制、国家科技政策和科技立法。科技的发展会带来理论的更新、观念的转变、思维的变革、技能的补充等,而这些都是职业生涯规划中不可或缺的要素。

社会科技水平是构成科技环境的首要因素,它包括科技研究的领域、科技研究成果门类分布及先进程度和科技成果的推广与应用三个方面。社会科技力量是指一个国家或地区的科技研究与开发的实力。科技体制指一个国家社会科技系统的结构、运行方式及其与国民经济其他部门的关系状态的总称,主要包括科技事业与科技人员的社会地位、科技机构的设置原则与运行方式、科技管理制度、科技推广渠道等。国家的科技政策与科技立法指的是国家凭借行政权力与立法权力,对科技事业履行管理、指导职能的途径。

五、文化环境分析

选择职业也要考虑社会文化环境。因为良好的社会文化环境能使人得到好的教育和影响,从而使个人的知识水平和职业技能有大的增长和提高,这就增加了个人在激烈竞获取成功、用知识改变命运的概率。同时,社会文化环境在很大程度上影响着人们的思想和行为,在好的社会文化环境影响下,人们的思想行为往往会向好的方向发展,最终走向成功。在良好的社会文化环境中,个人能受到良好的教育和熏陶,从而为职业发展打下更好的基础。

社会文化环境包括教育条件和水平、社会文化设施、一个国家或地区的社会性质、人们共享的价值观、人口状况、教育程度、风俗习惯、宗教信仰等各个方面。社会文化环境大体上可分解为文化、人口两个方面。

1. 文化环境对职业发展的影响

文化环境对职业发展的影响是巨大的,文化的基本要素包括价值观、宗教、语言与文字、文学艺术等,它们共同构筑成文化系统,对企业文化有重大影响。

(1) 价值观是文化的核心部分,在整个文化中起着主导作用。我国的传统哲学基本上由宇宙论、本体论、知识论、历史哲学及人生论(道德哲学)五个方面构成,它们以各种微妙的方式渗透到文化的各个方面,发挥着强大的作用。一个地区社会风气良好,即使经济待遇暂时低一些也不应过分在意。在选择职业时,应充分注意社会主义核心价值观与区域文化融合的情况,选择社会风气良好的地区有利于职业健康发展。

(2) 宗教作为文化的一个侧面,在长期发展过程中与传统文化有密切的联系,在我国文化中,宗教所占的地位并不像西方那样显著,宗教情绪也不像西方那样强烈,但其作用仍不可忽视。

(3) 语言文字和文化艺术是文化的具体表现,是社会现实生活的反映,它对企业职工的心理、人生观、价值观、性格、道德及审美观点的影响和导向是不容忽视的。

2. 人口因素对职业发展有重大影响

目前世界上人口变化的主要趋向如下：

（1）世界人口迅速增长，早已突破 70 亿大关。世界人口的增长意味着消费将继续增长，世界市场将继续扩大。在我国，劳动就业压力将长期存在，同时，随着人口增长，耕地减少，我国农村剩余劳动力将向非农产业转移。

（2）发达资本主义国家的出生率开始下降，儿童减少，这种趋势一方面对以儿童为目标市场的企业是一种环境威胁，另一方面年轻夫妇可以有更多的闲暇和收入用于旅游、在外用餐、文体活动等，因此可为相应的企业带来市场机会。

（3）许多国家的人口趋于老龄化，在我国也有这种趋势，老年人市场正在逐步扩大，老年人的消费能力也在逐渐增强，因此，从事老年服务是一个具有前景的职业方向。

（4）许多东方国家的家庭状况正在发生变化：家庭规模向小型化方向发展，几世同堂的大家庭大为减少。

（5）在西方国家，非家庭住户也在迅速增加。非家庭住户包括单身成年人住户、暂时同居户和集体住户。

六、大学生要善于充分利用环境因素

（一）充分利用积极的环境因素

所谓积极的环境因素，就是有利于自身就业的各种"利好消息"，包括以下内容：

（1）各种鼓励毕业生就业的最新政策。如《关于实施大学生志愿服务西部计划的通知》中列出了众多支持政策，这些政策支持对大学生来说，具有相当的吸引力，有了这些政策支持，服务西部就可能更有成效；还比如 2002 年，国家出台了未就业毕业生可将其户口和档案保留在原就读学校或省级毕业生就业指导服务机构的政策，这在一定程度上解除了毕业生的后顾之忧，使他们在找工作过程中有更平和的心态。

（2）用人单位用人观念的转变。近年来，用人单位在招聘时，已经逐渐走出"重学历"的误区，更加注重考核人才的能力与素质，这使每个有真才实学的大学生，有更多机会充分展示自己的才华。另外，需求信息的公开、透明，促进了招聘的公平、公正，"任人唯亲"的现象在今天的人才市场已经十分少见。

（3）大学生严峻的就业形势已经引起各方的关注。严峻的就业形势是我们所不愿看到的，但是我们也从人们对这一形势的态度中看到未来与希望。从政府到学校再到社会各界，已经对大学生就业形势进行了深入的剖析并采取了相应的对策,仅就学校而言,就推出了改革教育模式、加强实践环节、重视就业指导、拓宽就业渠道等旨在提高学生素质与能力,并让学生更好地走向社会的措施。

（二）利用积极的环境因素须把握两个原则

1. 积极配合原则

积极配合是利用环境因素的前提,如果对环境的变化无动于衷,也就谈不上利用有利的环境因素,相反还会受制于环境的变化。比如,服务西部、到农村基层工作、报考公务员等,可以说是十分值得大学生考虑的就业渠道,可有的大学生一心只关注传统的到大城市、大企业的"就业模式",于是这些机会就在他们"毫不关注"中溜走了。另外,还有的学生用高学历吃香、关系吃香的就业老思维去面对全新的就业环境,挫折也就在所难免。

2. 合理利用原则

积极配合环境是一种态度,是成才观念、就业观念跟得上时代变化的表现,而怎样利用环境,关系到最终的实效。在实践中,有的大学毕业生利用"过了头",一味想着可能的好处,想着自己可以获得什么优惠,而对可能的不利、自己应该履行的职责和义务很少考虑,最终影响了就业的顺利进行,也影响职业生涯的发展。比如,国家出台了未就业毕业生可将其户口和档案保留在原就读学校或省级毕业生就业指导服务机构的政策,这一政策是为缓解一些有就业困难学生的压力而制定的。可有的已经找到工作、打算签约的大学毕业生则另外打起算盘,准备利用"缓冲"时间另谋高就,寻找更好的就业机会。有些毕业生认为,既然政策允许两年内就业,就慢慢找,一年、两年,一定要找一个完全满意的工作岗位。其实这种想法是不对的。现在找工作,是与同期的几百万毕业生,或者说几百万中相同层次专业的毕业生竞争工作岗位。往下拖一年,就要与新毕业的几百万人竞争,竞争将更加激烈。此时若与同期毕业已经就业但想"跳槽"的人相比较,又存在着无实践经验的差距。所以,合理利用环境因素必须适度。

（三）应对社会环境变化的有效措施

（1）认识与面对现实环境,保持积极的心态。现代人若想顺利地适应快速变化的社会,则需与现实环境保持良好的接触,以客观的态度面对现实社会,冷静地判断事实,理性地处理问题,并保持积极的心态,随时根据环境做适当的调整而保持良好的适应状态。这样,才能跟得上时代的变迁。

（2）了解变化趋势。趋势是可以预测的。身处多变时代,应该以开放的心态预测未来,以便及早采取行动,做好变化的准备。

（3）不断学习与进修。现在都提倡"终身式教育",不断学习与进修是科技发展的需要,也是社会发展所需。在当今社会,只有不断地学习,才有生存与发展的可能。

　　(4) 擅用社会资源。现代的社会变迁较快,面对现实社会中的种种问题,个人在适应过程中可能有某种程度的失衡,包括学业、就业、人际关系、社会关系、心理健康等。不管是哪一方面的问题,都可寻求社会有关部门的帮助。如心理辅导机构,目前我国部分医院已开展这方面的业务;就业辅导机构,如就业培训中心、人才交流中心等;教育进修机构,如社会大学、电视大学、自学考试、函授教育等。

学习评价与反馈

任务	存在的问题	改进措施

收获与感悟:

指导教师评语:

教师签名:

任务 2.2　行业企业环境评估

案例导入

从企业环境中寻求机会

　　周女士家在深圳,她从小就喜欢烹饪,觉得这个行业能够带给人美味的享受。大学时周女士如愿选择了烹饪专业,期间周女士为自己今后的发展做了生涯规划。一次,餐馆业各界的企业老总来学校参观,她熟练的刀工、炒菜动作、优美的调酒姿态及调制的色香味俱全的鸡尾酒让老总们赞不绝口,她当即就被一家五星级酒店看中。但是周女士当时还未毕业,因此周女士请求那位老总允许自己利用假期到这家酒店进行社会实践并免费为他的酒店服务。在实习期间,周女士了解到由于中式餐馆普遍环境较差,从而使得环境幽雅,价位为中、低档的中式餐厅有极大发展潜力。深圳为新型移民城市,城市人口年龄较为年轻,拥有为数相当多的单身人口,并且大多数人由于工作紧张、时间宝贵,很少自己在家做饭。因此餐饮市场尤其是快餐市场发展空间极大。她仔细研究餐饮行业的一些需求,结合自己的优势,大胆做出了自己的生涯规划。三年后,周女士成为了一个优秀的中餐连锁店经营者-场所环境设计者。

　　【评议】周女士系统地对自己的职业——深圳餐饮行业环境进行分析,结合本地实际情况,正确地选择了就业企业,在工作中关注社会对于行业的发展需求,通过努力成功地实现了自己的生涯规划。

任务要求

　　搜索你毕业后想要从事职业的相关资料,了解所从事职业的行业发展情况,正确的分析目标就业城市的行业、企业环境。

表 2-2　就业目标职业行业企业环境分析表

就业目标职业		就业目标城市	
就业目标职业 行业发展情况			

（续表）

就业目标职业		就业目标城市	
就业目标职业城市 行业发展情况			
就业目标职业 城市企业情况			
就业目标职业 企业岗位情况			
就业目标职业城市 行业企业优劣势评价			
调查学生签字		调查完成时间	

相关知识

　　"职业"由"职"和"业"构成。"职"是指职位、职责，即我们平时所说的在一定的职位上尽一定的责任；"业"是指从事的行业、事业，即具体干什么事情。职业环境，就是所选职业在社会大环境中的发展状况、技术含量、社会地位、未来发展均势等。通过分析职业环境、弄清职业环境对职业发展的要求、影响及作用，对各种影响因素加以衡量、评估并作出反应。

一、职业发展的现状

　　当代中国正处于快速的双重转型过程中，整个社会的职业变动在量和质上都有很大的发展。量上变化首先表现为跳槽现象、自由职业者、兼职现象大量出现。多年前这都是难以想象的生存方式，现在这些职业的生存环境也大为改善；其次是新的职业层出不穷，职业种类升级换代速度加快。近年来随着网络及其他新兴消费市场的兴起，许多新职业也应运而生。随着科学技术和社会的发展，新的职业将不断涌现,职业的专业性增强,并在向综合化、多元化方向发展。当然,另一方面也有不少传统的职业将失去生存空间。

职业在质上变化表现为:一是职业结构弹性增强,职业选择自由度提高。社会制度环境不断宽松,社会结构弹性、开放性日益增强;个人可以不受制约规定而自由选择职业,如现在大学生毕业时实行双向选择,个人职业选择自由度高。二是职业变动不断趋于公平。个人能力成为职业获得的重要因素。随着市场经济和全球化的发展,尤其是民营企业和外资企业的发展,个人能力逐渐成为职业获得的真正决定性因素,职业对于人力资源的配置在很大领域中开始趋向公平和合理。

1. 未来职业的特点

(1) 职业的教育含量增大。各种就业岗位,需要更多的受过良好教育、掌握最新技术的技术工人,单纯的体力劳动或机械操作职业将明显减少。在发达国家,制造业中蓝领工人失业率高于从事管理工作的白领员工;而在白领员工中从事服务性工作,如银行、广告等的失业率又明显高于从事开发和研究工作的员工。未来白领和蓝领阶层的界线将越来越模糊,职业逐渐向专业化方向发展。

(2) 职业要求不断更新。一些职业,因新的工作设备和条件变化,对职业内容有了新的要求,如行政工作人员,在以前要求具备较好的组织协调能力、分析问题解决能力、文字能力、口头表达能力等。但现在除要求他们具备上述能力以外,还要求具备社会交往及计算机辅助管理、办公自动化操作能力等。

(3) 只有少数人能拥有"永久性"的工作,而从事计时、计件或临时性职业的人会越来越多。

2. 今后几年社会急需的人才

随着我国经济、社会文化和科学技术的发展,我国的产业结构将发生根本的变化。有资料报道,人力资源和社会保障部根据各类全国性专业协会有关资料的统计预测,今后几年社会急需以下 16 类人才:

(1) 税务会计师(会计类)。热门人才为业务与国际事务有关的会计师。

(2) 电脑系统分析专家(电脑类)。热门人才为电脑程序设计师、网络管理专家。

(3) 电脑软件工程师(工程类)。尤其是需要相关的环保、土木和工业工程师。

(4) 环境工程师(环保类)。热门人才为工业卫生学者和毒物学者、生物环保、化学环保、工业环保等人才。

(5) 中医师(健康医药类)。相关热门人才为按摩师、中医师。

(6) 咨询经纪人(咨询服务类)。相关热门人才为技术图书管理员。

（7）索赔估价员（保险类）。相关热门人才为资料处理师、精算师。

（8）律师（法律类）。相关热门人才为房地产律师。

（9）老人医学专家（医学类）。相关热门人才为家庭医生、家庭护士。

（10）家庭护理（个人服务类）。相关热门人才为幼儿老师和家庭服务员。

（11）专业公关人员（公共关系类）。

（12）业务代表（推销类）。相关热门人才为证券及金融业的业务代表、通信设备业务员。

（13）生物化学家（科学研究类）。相关热门人才为分析化学家和药理学家。

（14）心理学家（社会工作类）。相关热门人才为私人心理治疗师、家庭（社会）问题分析专家。

（15）旅游代理员（旅游类）。

（16）人力资源专家（人事类）。相关热门人才为人才市场经理、人才素质测评专家。

二、未来需求量较大的几类人才

1. 网络信息咨询与服务人才

当今的时代是一个信息时代，信息网络技术的发展使人们对网络信息的依赖越来越大，网络信息服务成为社会上一个重要行业。这个行业包含网上购物、商业信息服务、广告媒体服务、技术信息咨询与服务等。在中国，大力发展网络技术和开展网络服务已成定势。据分析，到 2011 年，网络服务创造的经济产值占国民生产总值的 1%～2%，达 0.8 万亿～1.2 万亿元；2020 年为 3%，达 7.6 万亿～8.2 万亿元。而从事网络服务的人员并不多，20 世纪末全国只有 2 万多人。在今后的 20 年中，中国这部分人员的数量预计会增加 30～50 倍，整个行业的人数将达到 60 万～100 万人。

2. 数据管理人才

数据管理和云资源库是 21 世纪经济系统建设的核心，它的发展水平标志着一个国家信息和知识资源开发利用的程度。自 20 世纪 80 年代以来，发达国家数据库服务已成为信息服务业的重要组成部分，每年以 20% 左右的速度增长。21 世纪的前 20 年，随着中国数据产业的发展，数据服务行业就业人数将达到 350 万人。该行业将成为服务行业就业人数较多的行业之一。

3. 医疗保健人才

20 世纪末，中国从事医疗卫生和保健医疗以及生物医学工程开发的人数达到 1200 万，到 2011 年增加到 1500 万。在今后的 20 年中，全国从事医疗保健业的人员数量将增加一倍,整个行业人数将达到 2 100 万。

近几年,我国老龄人口已达到 1.3 亿左右,中国也随之步入人口老龄化的社会。老年人比例的增加带来很多医疗、保健、社区服务等方面需求的增加。因此,从事老年人保养品、药品、生活必需品、社区服务等行业将具有很大的发展前景,并形成一个独特的产业。

4. 制造业特种灰领、高级蓝领人才

据不完全显示,制造业中尤以通信设备、计算机及其他电子设备制造业、电气机械及器材制造业等长年位居需求榜首。

制造业集中的长三角和珠三角对灰领人才(通信设备制造、芯片制造、智能楼宇布线、无线电整机装配调试和电子设备维修等)和高级蓝领(机械设计与模具、数控操作等)的需求仍很大,预计这类人才在很长时间内都会非常吃香。

5. 旅游休闲及相关人才

随着人们生活水平的提高及节假日数量的增多,外出旅游休闲的机会也越来越多,旅游成为人们生活中一件很平常的事情。这不仅带动了旅游业的发展,同时也带动了服务业、运动产品、体育场馆、旅行社、旅游产品等行业的繁荣发展,形成了一个促进经济发展的强大产业。

6. 房地产开发人才

随着住房政策改革和住房的商品化,房地产开发业成为一个繁荣兴旺的行业,购房成为许多家庭的一件头等大事,房地产开发业也因此面临无限的商机,并因此带动了与之相关的房地产开发、咨询、销售业务、物业管理、租借、二手房转让行业的迅速发展。

三、今后 15 年极有可能会衰落的职业

全球经济受互联网的影响,职业变化的速度加快,某些比较热门的职业可能将要消亡。西方有位专家就曾撰文介绍了今后 15 年极有可能会衰落的职业。

(1)传统秘书。自从个人电脑、电子邮递和传真机问世后,秘书的时间就有45%以上是用来做文件归档、传递信息、邮寄信息、邮寄信件和复印材料方面的工作。但是更先进的电子办公系统将使主管人员和经理有可能把哪怕是字迹潦草的便条变成备忘录,按一下指令键便可以分发出去,管打字的秘书实际上将不复存在。

(2)银行出纳员。在不久的将来,几乎所有的银行客户都将使用自动柜员机,只留下为数不多的出纳员负责银行业务的前台交易。

(3)接待员。美国某些通信公司现在可以提供能够处理打进和打出电话的极

其先进的语音识别系统，许多公司也正在研制相似的系统，这使得不少大公司和政府机构可以取消接待员这种职业。

（4）公共图书馆管理员。电脑已取代图书馆的卡片目录，人们可以通过互联网通知图书馆把书送过来，而且不久可能取代你所知道的图书馆，那时人们将忘记传统的图书馆。

总之，在进行职业生涯规划和择业时要对行业的发展情况进行具体的分析，才有利于对将来要从事的行业做出正确的选择，所以我们应该结合行业的发展来规划自己的职业生涯。

四、职业对人才的要求

1. 从就业型向创业型转变

在市场经济条件下，人们开始学会审视市场新领域、新机遇，积极创造新的事业。具有创业意识和潜能的人才在就业中具有优越性。

2. 由单一型向复合型转变

随着现代工业生产的大型化、智能化和系统化，它对人才的要求不再局限于一人一岗、一人一技的工作形式。一人多岗、一人多技的专而全的复合型人才逐渐成为人才市场的"新宠"。比如，对于管理人员，要求既懂管理知识，还要懂得产品的工艺流程。

3. 从阶段性学习向终身学习转变

过去的社会生产结构简单，产品升级换代周期长，生产工艺流程新陈代谢缓慢，所学知识不需要更新。现代科技日新月异，产品和生产工艺流程更新换代加速，新兴的生产工艺、技术要求从业者必须不断学习才能及时跟上。

职业对人才的总体要求有：创新能力、团队精神、沟通表达能力及学习能力，这也是用人单位最为看重的四种素质。这四种素质代表了两个大的方面，其中创新能力和学习能力主要属于智力素质，团队精神和沟通表达能力主要属于情感素质，是越来越多的用人单位通过对应聘者的综合素质考核的重点。

4. 评价人才的标准

随着我国高等教育进入"大众化"阶段，企业对人才标准的界定已走出了"唯学历"的误区，主要强调"两个导向"：一是能力导向。虽然要考虑人才的学历和职称，但更突出其综合能力与专业水平，从而真正做到唯才是用。因为一个人的综合素质很难用学历体现出来，如果一个名牌大学生五年还做不出成绩，就很难讲他是人才。二是业绩导向。在竞争环境中，业绩至关重要，因为只有业绩才能把竞争者区分开来。学历只是人才能力中的很小一部分，最多表明一个人的受教育程度。

目前用人单位评价人才比较统一的标准有以下几点。

（1）可塑性强。如今社会培养出各类人才，所学专业越来越细化、越来越精。学历是证明他们掌握专业知识的程度，而他们的实际操作能力则跟他们的工作经验和个人学习潜力有关。越来越多的企业开始注重员工的教育培训，为企业储备人力资本。因此，如今企业选择人才时，把重心慢慢转到员工的在职培训上来，员工学习潜力和可塑性更受关注。

（2）高尚的道德准则。个人的行为方式取决于其处事原则和道德准则。一个人的能力再强，如果品行不良，将有可能给企业带来安全隐患，甚至会给企业造成重大损害，这样的人才，企业也不会留恋。

（3）善于沟通。随着市场竞争不断升温，沟通能力显得尤为重要，沟通已经成为人际关系的必备手段。企业内部必须要面对老板和同事，适时的沟通能增进老板对你的了解，包括工作能力、态度、业绩、想法；同事间及时沟通能提升工作的默契度，解除不必要的误会和猜忌。企业外部则要与客户、用户保持长期、良好的沟通，以协调、处理企业外部出现的各类事件和各种关系，懂得并善用沟通技巧更能为企业扩展业务和提升市场占有率。

（4）强烈的团队意识。不管企业大小，不管企业所属行业，团结协作意识都是企业所推崇的。团队的力量是无穷的，能够产生的价值也是无限的。只有通过与他人团结协作，不断地沟通、协调，从企业整体利益考虑，集众人智慧与力量，才能实现目标，创造价值。一个独断专行、没有亲和力、没有集体主义精神的人，很难融入企业并与他人齐心协力、齐头并进。

（5）明确的职业规划。对人生、对自己的职业有明确规划的人，一定是一个对生活、对工作抱有责任心、自我控制能力强的人。在面对突发事件或外来压力时，他们也能具备一定的承受力和应变力，不会轻易退却。现在，对自己的职业有明确规划和设计的人才逐渐被企业所重视，这类人选择企业、职业不会盲从，清楚了解自身的优势和不足，会选择适合自己的事业，并能发挥主观能动性，以达到自己设计规划的目标。

（6）适应能力强。适应能力可表现出员工融入企业的时间，从陌生到了解到熟悉，能在最短的时间内熟悉工作环境和工作职责；并能与新同事和睦相处，融入新的团队中；能迅速征服周边同事，获得大家的认同和好感。企业自然会重视这类员工的发展潜力。

2013年，由社会科学文献出版社出版，麦可思研究院编著的《2013中国大学生就业报告》对2009届主要专业大类高职高专优秀人才毕业三年后认为最重要的三项工作能力进行了调查,调查结果如表 2-3 所示。

表 2-3　2009 届主要专业大类高职高专优秀人才毕业三年后认为最重要的三项能力

高职高专主要 专业大类名称	第一重要的能力	第二重要的能力	第三重要的能力
生化与药品大类	有效的口头沟通	积极学习	积极聆听
财经大类	有效的口头沟通	积极学习	理解他人
文化教育大类	有效的口头沟通	积极学习	理解他人
艺术设计传媒大类	有效的口头沟通	积极学习	理解他人
土建大类	有效的口头沟通	积极学习	协调安排
电子信息大类	有效的口头沟通	积极学习	学习方法
交通运输大类	有效的口头沟通	积极学习	学习方法

＊个别专业大类因为样本不足,没有包括在内。

数据来源:麦可思-中国 2009 届大学毕业生三年后职业发展调查。

　　进行职业生涯规划,还要对组织环境因素进行分析。要分析组织制度、组织的类别与属性、组织的发展战略及前景,如企业的投资规模、资金、人才、在同行业中的地位、企业的历史等。要分析组织的制度,如企业的培训训度、晋升制度、绩效考评制度、奖惩制度、薪酬福利制度等;要分析组织的规划和发展目标。要了解组织的管理方式和文化,组织的阶段性目标和组织追求的长远目标。

　　组织环境对个人职业发展有着重要的影响,当组织环境适宜个人发展时,个人职业更容易获得成功。因此,大学生在进行职业生涯规划和择业时,必须认真考查自己"中意"的组织(机关、企业事业单位、公司等)。影响职业发展的因素是多方面的,分析和认识组织,应该了解其基本情况。

五、行业环境分析

　　行业环境分析就是对目前拟从事的职业所属行业的环境分析。其内容包括行业的发展状况,国际、国内重大事件对该行业的影响,目前行业的优势与问题,行业发展趋势等。行业与职业不同,行业是企业的集合。从事同类产品的生产销售企业或提供类似服务的企业达到一定的数量才形成一个行业。例如,家电行业就包括生产电视机、空调、冰箱、洗衣机等不同类型具体产品的若干家企业。在同一行业内,可以从事不同的职业。例如,同在保险业,可以做保险业务员,也可以是人力资源部经理。

　　在分析行业环境时,一定要结合社会大环境的发展趋势。由于科学技术的飞速发展,会使某些行业如同夕阳坠落,逐渐萎缩、消亡;更有许多极具发展前途的朝阳行业不断出现、发展起来。同时还要注意国家政策的影响,要了解国家对某一行业是支持、鼓励和引导,还是限制、控制和制约。要尽量选择那些有前景、发展空间较大的行业。例如,我国近年来狠抓环境保护,推行可持续发展战略,保护生物多样性,在农业生产中控制化学制品的使用,开发"绿色食品"等,使环境保护产业如初生朝阳,充满生机,导致环保设备生产、环保技术咨询等行业迅速发展,提供了大量就业岗位。而这时如果不了解情况,为了一时的利益,盲目进入那些污染后果严重的行业谋职,必将会给自己的职业生涯造成不良后果。

六、组织环境分析

1. 组织的制度

制度是调整组织内的各种关系、维系组织运转的方式,制度的安排是组织生存的体制基础,是组织建立的前提。探讨企业的好坏,最终离不开研究这个组织的制度。联想集团的创始人柳传志先生为使自己这个组织的员工能为企业"呕心沥血,甚至不惜牺牲自己的生命",首先在制度上保证了这些"能为企业也需要他们为企业卖命、奉献"的人的既得利益和预期利益。可见,对于一个组织来说,制度解决了那些组织成员"能为其卖命"和愿意为其"卖命"的问题,对于一个正在寻找工作的个体来说,了解、分析企业组织的制度是对自己的个人利益和发展前途负责,将决定这个个体是否愿意成为企业组织的一员。

企业制度涉及的范围比较广,包括管理制度、用人制度、培训制度等,尽可能了解这些信息,了解企业在组织结构上的特征与发展变化趋势,分析这种安排对自己的未来可能带来什么样的影响。特别是要注意企业用人制度如何,能否提供教育培训机会,提供的条件是什么,自己将来有没有可能在该企业担任更高级的职务或担负更大的责任,个人待遇提升的空间有多大,是基于能力还是工作年限,企业的标准工作时间怎样,是固定的还是可以变通的,当然也还要考虑企业提供的薪酬和福利待遇与行业内其他公司比较如何。

2. 组织的类别与属性

组织的类别与属性不同,对人力资源的要求就不同。高新技术企业会以技术创新开发人才需求为主;机械加工等传统行业对人才的需求主要是以掌握熟练技术的工人为主,不适合创新型人才的发展;资本密集型企业强调员工的技术;知识密集型企业注重员工的科研能力;劳动密集型企业对员工的体能有着特殊的要求。组织的类别与属性应是大学生职业生涯规划时应该考虑的因素。

3. 组织的发展阶段

一个组织的发展可分为创业期、发展期、稳定期、衰退期四个不同发展阶段。组织的发展阶段对人们的素质要求和职业发展影响很大。创业期的企业可能注重人才的综合能力；发展期的企业随着生产规模扩大、产品结构调整或升级、新生产工艺的引进会对人员的创新开拓提出更高的要求；稳定期的企业可能更注重技术和规范；衰退期的企业需要信心、魄力等。因此，组织的发展阶段也是大学生在制定职业生涯规划时应考虑的因素。

4. 组织的发展战略及前景

组织的发展战略主要指组织的经营战略、人才战略、发展重点、发展方向、核心竞争能力，以及面临的机遇和挑战，预测组织的发展前景。

5. 组织的管理方式和文化

在选择进入某个组织前，要弄清楚该组织的管理方式属于科层型、民主型还是制度型、灵活型，同时了解组织的薪资收入空间和薪酬制度、个人发展岗位轮换制度，如果觉得自己不能接受组织的管理方式和规章制度，就不要轻易选择这家组织。

组织文化是组织成员在成长期的生产经营活动中形成并共同遵循的最高目标、价值标准、基本信念和行为规范。在选择进入某个组织前，要弄清楚该组织怎样对待新员工，是否要经常加班，是否干涉员工的生活，是否给员工培训和成长机会等。如果个人的价值观与企业文化有冲突，不能认同企业的价值理念，就难以对组织产生忠诚感和满意度，更难以获得个人职业发展。因此，在制定职业生涯规划时对组织的管理方式和文化进行详细了解是十分必要的。

6. 组织中的人力资源状况

在一个组织中，各种资源都各有其重要性，而人力资源显得更加重要。组织中的人力资源状况是指组织目前的人员年龄、专业、学历结构是什么样的，组织中的人力资源发展政策是怎样的，组织会采取哪些成员发展的行动等。如果员工知道组织的人力资源规划，知道组织未来需要的人才类型和各类人才的需求量，就会知道自己职业的发展会有什么样的机会，进而制定出较为合理的职业发展规划。

7. 组织发展中的领导力

组织主要领导人的抱负及能力是组织发展的决定性因素。组织主要领导人是真想干一番事业，还是只想捞钱获利？他的能力是否足以带领员工开创新天地？有没有战略的眼光和措施？是否尊重员工？很多成功的大组织都有一位出色的组织家掌舵领航，如海尔的张瑞敏，联想的柳传志等。

一个成功组织的发起者是它的文化的第一个资源。当发起者认识到一个团队一起工作比个人单独工作能取得更多成就时就创建了组织。一个组织的种种信念,包括它的核心使命、历史、存在的理由、偏好的处事方法,以及它关于员工如何相处的理念,都是由发起者所确定的。

组织的历史,会通过个人故事、闲谈、文件和旧的新闻报告流传开来,体现了领导者不断塑造和定型组织文化的方法。倾听这些故事和阅读这些报告是学习组织文化的基本途径。高职院校的学生接触更多的是私人小企业,组织结构比较简单,很多刚步入职场的学生直接面对的就是小企业的老板,对领导人的个性、兴趣、工作方法等诸多方面的了解对个人这个组织的工作发展显得格外重要。

七、企业环境分析

分析企业内部环境对个人的职业生涯有直接的影响,所有人都处于企业的小环境之中,个体的发展与企业的发展息息相关。对企业环境进行分析,可以使个人及时地了解企业的实际发展前景,把个体的发展与企业的发展联系在一起,并融入企业之中,这有利于个人做出合适的职业生涯规划。

（一）企业实力

企业在本行业中具备很强的竞争力,还是处于一个很快被吞并的境地?发展前景如何?是不是企业越大,企业越强,生命力就越强?达尔文说过:物竞天择,适者生存。在激烈的市场竞争当中,不一定是最大的企业就能生存,即不是大者生存,而是适者生存。只有适应这个环境、适应社会发展趋势的企业才能生存。关注企业的生存,可以从企业产品在市场上的发展前景来分析。有些产品红极一时,却像流星一样短暂,一两年以后便销声匿迹。能够影响和改变人们生活方式的产品和服务才是最有长期生命力的。

（二）企业领导人

企业主要领导人的抱负及能力是企业发展的决定因素。企业主要领导是想捞了钱就走人,还是真的想干一番事业?可以说,企业家要做的事不是找到顾客群,而是制造顾客群。满足顾客的显性需求和激发顾客的潜在需求不是一回事。如果他是一个平庸的没有什么能力的企业经营者,最多只是找到顾客,并满足他们的显性需求而已。一个真正的企业家能够制造顾客群,他的产品和服务就能满足顾客的潜在需求。另外,该领导人有没有考虑员工的职业生涯发展也是评价分析企业的重要因素之一。企业的文化和管理风格与其领导人的素质和价值观有着直接的联系,企业经营哲学往往就是企业家的价值观。企业主要领导人的抱负及能力是企业发展的确定因素。

1. 卓越的企业

著名作家吉姆·柯林斯的《从优秀到卓越》一书中，曾讲到两个概念：一个是优秀的企业，另一个是卓越的企业。其中这样定义：如果某企业比同行赚钱多，那么这个企业就是一个优秀的企业；而只有当企业连续 15 年的市盈率高于同行业平均水平的 3 倍，这个企业才可以称做是一个卓越的企业。

2. 卓越的领导人

一个卓越的企业必须要有卓越的经理人，卓越的经理人是第五级。第五级经理人会将个人谦虚的品质和职业化的、坚定的意志相结合，建立持续、卓越的业绩。第五级经理人最大的特点是坚定、执著，他们通常非常谦虚，有很强的事业心。图 2-4 给出了五级经理人的具体标准。

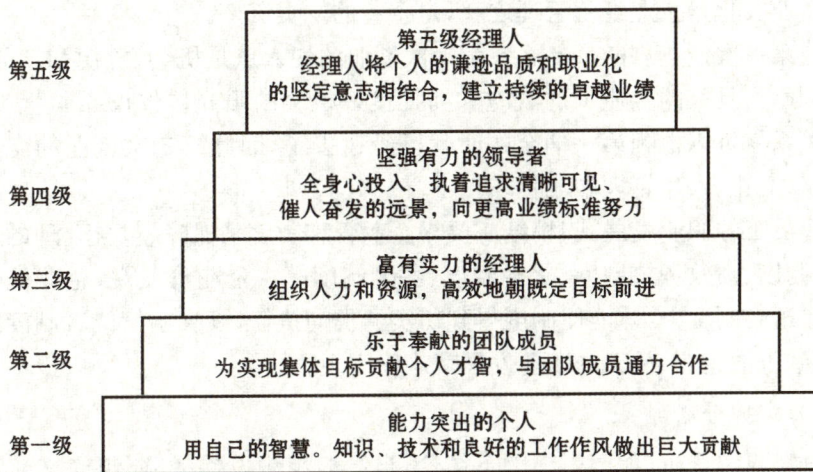

第五级　　　　　　**第五级经理人**
　　　　　　经理人将个人的谦逊品质和职业化
　　　　　　的坚定意志相结合，建立持续的卓越业绩

第四级　　　　　　**坚强有力的领导者**
　　　　　　全身心投入、执着追求清晰可见、
　　　　　　催人奋发的远景，向更高业绩标准努力

第三级　　　　　　**富有实力的经理人**
　　　　　　组织人力和资源，高效地朝既定目标前进

第二级　　　　　　**乐于奉献的团队成员**
　　　　　为实现集体目标贡献个人才智，与团队成员通力合作

第一级　　　　　　**能力突出的个人**
　　　　用自己的智慧。知识、技术和良好的工作作风做出巨大贡献

图 2-4　五级经理人体系

（三）企业文化和企业制度

企业分析还包括对企业文化、企业制度，特别是企业用人制度的分析。

企业文化是企业领导所倡导并且身体力行的、得到员工认同和遵循的价值观和行为准则。企业文化决定了一个企业如何看待其员工，故员工的职业生涯是被企业文化所左右的。一个主张员工参与管理的企业显然比一个独裁的企业能为员工提供更多的发展机会；渴望发展、追求挑战的员工也很难在论资排辈的企业中受到重用。当然，若一个人的价值观与企业文化有冲突，难以适应企业文化，这也决定了他在组织中难以得到发展。所以企业文化是个人在制定职业生涯时要考虑的重要因素。

一个企业最本质的企业文化到哪里去找？墙上写的标语，公司彩色宣传单里印的口号和领导大会上讲的那些是企业文化吗？是，但并不是最本质的企业文化。最本质的企业文化可以到企业的卫生间里去找，到食堂找，到电梯里找，到楼道里找，因为往往是员工私下所说的悄悄话才是企业文化的真实表露。别以为领导在大会上说的就是企业文化，那可能是，但也可能是表面的幌子，他这么说但实际上不一定那么做。真正的企业文化是在没有任何掩饰的时候仍然坚持的理念。你所在企业的企业文化到底是什么？最根本的价值观是什么？用人制度到底是用人唯贤？还是用人唯亲？或是用人唯傻、用人唯笨？有没有这种用人唯傻、用人唯笨的领导人？有，他用的人一定是比他傻、比他笨的人，比他聪明的人不用，因为这会显示出他自己的无能。员工不仅看企业领导人强调什么，更看实际上他是怎么做的。优秀的企业文化是企业经营管理之魂，是企业的宝贵资产。

企业第一次创业靠的是什么？第一次创业的切入点是机会、资源和产品，靠的是企业创始人具有的企业家的气魄和捕捉良好机会的眼光。仅仅靠胆量、靠跟谁有什么关系就可以挖到第一桶金的时代已经过去了，因此第二次创业的支撑点一定是战略、文化、人才管理和流程。

企业员工的职业发展，归根结底要靠企业管理制度来保障，包含合理的培训制度、晋升制度、绩效考核制度、奖惩制度、薪酬制度等。企业价值观、企业经营哲学也只有渗透到制度中，才能使制度得到切实的贯彻执行，没有制度或者制度定得不合理、不到位的企业，员工的职业发展就难以实现。

（四）掌握分析结果

通过对组织分析，你要得出以下结论：自己对组织发展战略、组织文化和管理制度的认同程度，组织结构发展的变化趋势，与自己有关的未来职务的发展预计。如果你是组织的最高领导人，要给员工讲组织结构发展变化的趋势，组织所能提供的各种教育培训机会，担任更高职务或职务内涵变化的可能性，相关职务的待遇及发展趋势等。每个人要考虑自己在本组织内实现职业生涯目标的可能性有多大。

作为一名高职院校毕业的学生，是选择小企业做"鸡头"，还是在大企业做"凤尾"，主要从企业对职业机会的影响进行分析。

"是先做大池塘里的小鱼，还是先做小池塘里的大鱼"这是在一个现场招聘的电视节目上，节目主持人向在场的用人单位和应聘者提出的问题。结果是耐人寻味的：在场的所有应聘者不约而同地选择要做"大池塘里的小鱼"，这与当今许多毕业生喜欢选择大企业的倾向是一致的。与之形成鲜明对比的是，在场的所有企业主管毫无例外地认为：一个刚刚步入社会的年轻人应该选择先做"小池塘里的大鱼"。

其实所谓的"大池塘里的小鱼"就是指大企业里面的某些基层工作人员,"小池塘里的大鱼"指的当然就是在一个小型企业或者非热门单位里面发挥较大作用的工作人员。做出两种不同抉择的理由何在?

1. 为什么选择做"大池塘里的小鱼"

(1) 大企业各种运作比较规范,在那里能培养起主流的工作理念。这些理念由于经过大企业发展历程的锤炼,所以被认为是可以指引毕业生在职场上和事业上前进的方向标。

(2) 大企业一般都有完善和规范的培训系统,在强调终身学习的知识经济时代,这一点是非常重要的。

(3) 大型企业工资待遇相对较高,福利制度也比较完善,对个体生活水平的提升有比较大的帮助。

2. 为什么选择做"小池塘里的大鱼"

(1) 在"小池塘"里面,任何一条"鱼"的作用都会变得更加重要,于是每一位员工都有机会更全面地接触企业的整体运作,这为多方面多角度理解该行业提供了便利条件。更重要的是,由于在一个相对较小的企业里面,企业发展尚未定型,给年轻人开拓创新的空间更为广阔;而且起步的过程更加艰辛,年轻人在其中受到的锻炼也更多,无论成功还是失败,这些奋斗经历都将成为青年学生日后事业发展的宝贵财富。

(2) 在一个相对小的企业,任何一个工作者的地位都相对更重要,而不像在大企业里面大部分工作者很可能只是其中的一颗螺丝钉,在中小企业中所获得的成就感是"螺丝钉"远远不能及的。

两种选择对于我们个人而言都是合理的选择。关键在于我们对自己性格、气质的认识,不同性格的毕业生应该选择适合自己的单位类型。如喜欢冒险、有开拓精神的同学不妨选择做"小池塘里的大鱼",甚至可以考虑创业;而性格相对安静稳重的同学则可以选择进入"大池塘"。另外,当一位大学生进入某一单位时,必须认清这个单位的需要,并据此对自己的工作作风做出某种程度的修正,以适应企业本身的需要,与企业一起成长。

八、目标岗位分析

大学生在制订职业生涯规划时,都会有自己心目中的理想职业,但这些职业是否真的适合自己,是否通过努力可以达到,需要认真去了解和分析。

岗位,也称为职位,是在一个特定的组织内,在一定的时间内,由一个特定的人担任的一个或数个任务及责任。在一个组织中,岗位的数量等于其成员的数量,也就是说,只要是组织的成员,就有其特定的岗位。岗位和职业的区别主要在于范围不同:职业是跨组织的,而岗位是在组织内的,职业的具体化就是岗位。例如,某大学生所学专业是会计,其职业生涯规划目标是在某公司工作三年后当上会计主管。会计主管就是这个公司的具体岗位,而这位同学从事的是会计职业。

目标岗位分析内容和企业人力资源管理中的职位说明书的内容类似,所不同的是职业说明书是以企业角度进行的分析,是为企业招聘人才提供依据;而目标岗位分析是从求职者角度进行的分析,是求职者分析职业资格要求以及自己是否满足这种要求的方法。目标岗位分析的内容主要有:

(1)目标职位名称。

(2)岗位说明,包括职业的定义和性质,重点描述从事该职业的工作所要完成或达到的工作目标,以及该职业的主要职责权限等。

(3)工作内容,详细描述该职业所从事的具体工作,应全面、详尽地写出完成工作目标所要做的每一项工作,包括每项工作的综述、活动过程、工作联系和工作权限,以及在不同阶段所用到的不同工具和设备。

(4)任职资格,包括学历要求、专项培训、经验要求、能力要求、人格要求等。

(5)工作条件,包括工作场所、环境舒适程度、危险性等。

(6)就业和发展前景,包括该职业目前的就业情况、薪酬和福利,以及从事该工作后下一步的发展前景。

目标岗位分析的结果可用类似职位说明书一样的表格来概括,如表 2-5 所示。

表 2-5　目标岗位分析表

职位名称:

岗位说明:

工作内容:

（续表）

任职资格：

学历要求：

培训经历：

经验要求：

技能要求：

人格要求：

工作条件：

工作场所：

环境状况：

危险性：

发展前景：

【案例】

大学生田亮的目标岗位分析

　　大学生田亮所学专业为电气工程，职业目标是进入某著名跨国电器公司当一名电气工程师，通过对该企业电气工程师岗位的分析，田亮得到下列岗位信息。

　　职位名称：电气工程师

　　岗位说明：安装与管理电气设备，审核电气施工方案并监督实施，保证电气工程进度及质量

　　工作内容：
　　（1）审核、把关和保管电气工程图纸
　　（2）审核电气工程施工方案，检查施工过程中材料的规格、品牌、技术性能等与图纸是否一致，对一般性质量问题进行及时处理并上报领导

（续表）

（3）监督、检查施工现场电气施工情况

（4）现场安装调试电气设备，分析处理现场故障

（5）制订电气设备及计量仪器的各项规章制度及操作 SOP、维修计划及周期检查计划，并协调日常的维修、保养及计量检查等工作

（6）建立、完善电气设备固定资产的统计及计量器具的档案、统计、编号等管理系统

（7）在电气设备及备品、备件的添置和工程项目中，严格按照公司制订的采购程序，把好质量关

（8）协助各专业及部门的各类验证工作

任职资格：

（1）学历要求：自动化、电子、无线电、电气专业本科以上学历

（2）培训经历：受过质量管理、预警管理等方面的培训

（3）经验要求：三年以上工厂自动化、线路设计和电子生产工艺经验

（4）技能要求

① 能独立开发技术含量高的电子产品

② 熟悉相应的电路图软件

③ 掌握多种质量管理体系理论知识

④ 较强的英语口语及书面表达能力

⑤ 熟练操作办公软件

（5）人格要求

① 具有良好的团队精神和较强的协调能力

② 良好的沟通、组织管理能力

③ 动手能力强，吃苦耐劳

工作条件：

（1）工作场所：办公室

（2）环境状况：舒适

（3）危险性：基本无危险，无职业病危险

发展前景：电气行业是国民经济的基础行业，在国民经济、科学技术的发展中正起着越来越重要的作用。能独立设计开发产品和建设项目的高级电气工程人员目前非常受欢迎

田亮通过对电气工程师岗位的分析,发现自己符合其中很多条件,比如自己英语口语较好、组织管理能力较强。但是,也有很多条件不具备,如目前尚不具备电气工程师的经验要求,也没有独立开发过工程。所以,目前自己所要做的是尽可能提高自己的专业知识和技能,培养自己的动手能力。

相关链接

一个优秀的组织对一个人的发展有着重大的影响,一个优秀的组织成功的必要条件是"天时、地利、人和",一个组织需要得到各方面的帮助才能发展。因此,一个优秀的人才也是组织发展的推动力。想知道你有哪些优点适合发展自己吗? 下面有 15 个成功人士的主要特点,用这些特点对照一下自己,看看平时要在哪些方面有意识的提升自己?

(1) 知道个人和事业的目标。

(2) 可以很快地完成一项任务。

(3) 能够随着市场环境的变化很快改变方向。

(4) 具有高度的责任心,能够对某件事的实施负责。

(5) 能够独立工作并自己做出决定。

(6) 不会因为有风险而被吓住。

(7) 自如地面对不确定性。

(8) 身体健康。

(9) 可以推销自己的想法和理念。

(10) 确定不变后会开始实现它。

(11) 有家庭和朋友在背后支持。

(12) 能够挑选合适的人为自己工作。

(13) 能够接受他人的批评,并从批评中学到有用的东西。

(14) 精力旺盛,充满热情。

(15) 不浪费时间。

通过你对企业发展战略、企业文化和管理制度的认同程度,以及企业组织结构发展的变化趋势,谈谈与自己有关的未来职务的发展预计。

学习评价与反馈

任务	存在的问题	改进措施

收获与感悟：

指导教师评语：

教师签名：

任务2.3　学校环境评估

案例导入

一所高职学院毕业生的选择

2001年,小陆就读于某技术学院计算机专业,由于家境贫寒,他在校期间学习一直都很努力,并获得过学校的奖学金和助学金。他是一个很有抱负的人,在刚进入学校时,他就为自己规划了未来的蓝图——毕业后一定要开一家属于自己的公司。为了积累相关经验,他除了修完自己的专业课程外,还选修了市场营销、企业管理等方面的课程,为日后开公司打下坚实的基础。2004年,在毕业前的实习阶段,小陆分析了自己的情况后,并没有像其他同学那样只为就业而就业,或盲目地去创业,而是进入了一家计算机公司实习。他从最底层的员工开始做起,工作脏、苦、累,他从来无半点怨言。因为工作勤快,毕业后他留在该公司成为一名正式员工。在该公司工作期间,他不断学习各种先进的经验和技术,同时也积累资金。2007年,时机日益成熟,小陆用自己平时省吃俭用节省下来的积蓄和向亲朋好友借来的钱,在市区一个较繁华的地方开了一家计算机公司,开始了他的创业之路。公司加上他才三个人,一切都是空白,要从头做起。卖组装计算机、代理各种网络产品、为网吧和公司组建网络并进行维护,凭着过硬的专业技术和良好的服务态度,他的公司逐渐走上了轨道。现在,公司已经拥有十几个人,每个月的营业额除了各种开销外,还能为日后继续扩大经营规模积累了一部分资金。他说:"只要能适时抓住机遇,适度扩大经营规模,我相信我的公司一定会越来越大。"有了这超然的自信与魄力,他的职业生涯一定会越来越成功。

【评议】小陆在校期间努力学习,明确了自己毕业后从事的行业职业,制订了职业生涯规划,毕业后他找到了专业对口的工作,通过自己的努力,小陆得获得了成功。

任务要求

了解你所在大学的相关情况资料和你所从事职业的行业发展情况,正确地分析目标就业城市的行业、企业环境。

表 2-5　学校环境分析表

所在学校名称		学校所在城市	
学校情况介绍			
学校专业设置 情况介绍			
所学专业情况 介绍			
所学专业与 职业对接情况分析			
调查学生签字		调查完成时间	

相关知识

对每个人而言,职业生涯将贯穿人的一生,个人或处于职业准备阶段,或处于职业选择阶段,或处于职业工作阶段,或处于职业结束阶段。在这不同的阶段,每个人的职业生涯受各种不同因素的影响,会产生各种截然不同的结果。大学生职业生涯规划的顺利进行还应充分了解和分析与生涯发展密切相关的学校环境影响因素。

学校环境是指所在学校的教学特色与优势、专业的选择、社会实践经验等。但随着近些年来各校的扩招和扩建,面对严峻的就业情形,很多大学毕业生抱怨找不到专业对口的工作,一方面是因为大学教育并非完全按照社会所需设置专业,职业发展受到市场供需比例影响;另一方面专业太宽泛、职业太精细,导致较难找到绝对"专业对口"的工作。所以,大学生在做职业生涯规划时,不必太苛求自己,可以尝试向边缘化方向发展。以医学专业为例,毕业生可选择的就业面还是非常广的,如果性格外向、乐于与人沟通,可以尝试做医疗方面的销售;如果思维敏捷,乐于挑战,可以尝试应聘医学专业杂志或相关咨询岗位……一个专业大致可以对应5种职业:技术、销售、媒体、咨询与支持服务。

一、学校区域位置分析

我国高校区域分布不均衡的现象由来已久。史实表明,从清末我国近代高校产生的初始阶段,高校地理分布已经开始出现不均衡的迹象。据1909年(宣统元年)统计,我国当时已建立各类高等学堂110所,其中直隶(含京师)有18所,四川有10所,安徽、江苏、湖南各有7～9所,山东、山西、陕西、浙江、湖北、广东各有4～5所,河南有6所,甘肃、江西各有3所,而广西、云南、贵州、福建、新疆等省只有1～2所,黑龙江、西藏等省无一所高校。

中国当前的大学分布格局很不合理,高校过分集中在少数城市,将对中国由高等教育大国向高等教育强国发展产生不利影响,这种状况应该逐步加以改变。高校分布的不合理,不仅对高等教育升学机会产生直接影响,而且对地区经济、社会发展具有潜在的影响。

高等院校的分布不合理也造成人力资源分配不平衡,中心城市和大城市在吸纳高素质人才方面具有非常突出的优势,而高等院校数量少、经济发展水平较为滞后的地区,高中毕业生考取大学后造成当地人才的流失。在我国中西部地区(如四川、湖北、湖南等省)和沿海地区的一些中小城市区(如苏北、浙西、鲁南等地区)基础教育办得很好,每年输送大批优秀高中毕业生到全国各高等学校。由于当地没有或只有很少的大学,绝大部分学生到外地求学,主要是进入直辖市或省会以上大城市所在的大学,大学毕业以后能够再回到本地工作的为数很少,特别是本科毕业生较少,其中直接为工农业生产和第三产业服务的为数更少。中西部地区的情况就更困难。这些地区为全国提供优秀人才做出了贡献,但是这些地区基础教育办得越好,当地人才流失越严重,对于这些地区的经济建设和社会发展是十分不利的。

虽然近年来,国家大力实施科技兴国和人才强国战略,高等院校在国家和地方经济社会发展中的作用明显增强,但毋庸讳言,我国高校对经济社会发展的作用还不能得到较好发挥。高校的空间布局还需进一步调整,以跟上国内形势发展的需要及地方经济发展的需要。

二、学校声誉与专业特色分析

学校与专业也是我们进行职业生涯规划时必须考虑的重要因素。目前我国的普通高校有重点本科、一般本科、专科院校之分,重点本科院校又有"研究型大学"、

"211"工程、"985"工程、一本、二本、三本之分。为了加快高等职业教育改革与发展，全面提高人才培养质量和办学水平，国家开展了"国家示范性高等职业院校和骨干高职院校建设"，扩大国家重点建设职业院校数量。一般来说，重点院校学风正、教学设备完善，拥有良好的国家教育资源，能够使学生得到更好的高等教育，增强职场上的竞争能力。但这又不是绝对的，进入名牌大学并非意味着就业就没有任何问题。考上名牌大学，但若自己不努力，学校再好也没有用。相反，如果你肯努力，肯发奋，无论什么学校出身都能做出一番成绩。而且从历年就业情况看，毕业于一般大学的学生并不比重点大学的学生工作能力差，所以，好大学的学生没有必要觉得自己高人一等，一般大学的学生也没有必要自暴自弃。

很多人在报考大学时除了热衷于大学的名气之外，还热衷于所谓的"热门"专业，片面的认为专业越热，就业越好。其实，专业的冷热与职业的发展是不成正比的。热门专业只是在一段时间内的热门专业，报考时该专业是热门专业，几年以后可能就不是热门专业了。有些行业反倒是专业越冷越吃香，发展得越快。所以，无论是什么专业，不要以为专业热门就自以为是，也不要因为专业冷门而心灰意冷。

此外，在制定职业生涯规划时，还要考虑究竟是选择成为无所不晓的通才，还是选择成为精通某一领域的专才这一问题。正确的选择是不可一业不专，亦不可只专一业。不可一业不专是指自己必须拥有某项有效专长、胜任某种职业，必须在某个领域具有足够的竞争力。尤其是随着社会分工的精细化，只有精通某个领域才能在社会上更好地立足，谋求自身的发展。如果一个人什么都学，结果可能是"门门通，样样松"，成为"万金油"似的人。尤其在知识爆炸的现今社会，要做到无所不晓的通才更是不可能的。不可一业不专，但是又不能走向另一个极端——只专一业。因为任何人的"专长"都是有有效期的，当今社会职业岗位更新换代非常快，如果除了专业之外没有别的专长，当你的专长得不到社会的认可时，也很难拥有足够的就业机会。只有不断关注社会的发展变化，不断补充新知识，才能拥有新的专长，具备多项竞争力，才能轻松应对将来可能出现的变化。

三、校友因素分析

校友是学校不在编的成员，是高校一种重要的社会资源、人才资源和教育资源。近几年来，校友工作越来越受到高校的重视，校友也正在高等教育中发挥着重要的作用。人才培养是高校的根本任务，就业工作则是人才培养的一个关键环节，是检验高校人才培养质量的综合指标。从国内外高校办学经验来看，充分挖掘和利用好校友资源，为大学生职业生涯指导、就业创业打造良好的外部环境，将成为促进就业工作的一条有效的新途径。

（一）校友资源的重要作用

1. 校友的典型示范发挥着育人的作用

凡提及校友,学生尤为敬重,倍感亲切,因为他们深知校友的今天就是他们的明天。优秀校友的先进事迹、成功经验,是继承发扬母校优良传统的生动体现,是在校大学生心目中的一面旗帜。校友的奋斗历程给学生以鼓舞和启迪,充分利用校友丰富的职业经验和宝贵的社会经验,能有效引导大学生树立正确的就业观,帮助大学生进行职业规划,让大学生了解自我与社会,客观地进行就业定位,还可以激发他们的自信心和自豪感。

2. 校友的杰出表现具有广告效应

每一名校友都是学校在社会上的名片,校友的表现,是学校向社会递出的成绩单。杰出校友在社会上的影响力,很大程度上增加了学校的知名度和社会认可度,使高校在招生中赢得好的生源,在学生毕业就业时赢得用人单位的认可,这些都无形中为毕业生创造了更多的就业机会。

3. 校友的人脉资源起到桥梁作用

校友聚集的人脉,为母校赢得社会各界的支持,争取到了众多"优惠券"甚至"免费门票"。校友广泛分布在不同领域、不同地区,多年的奋斗和努力使他们拥有一定的决策权和影响力,在各行各业建立了广泛的人脉资源,可以为母校毕业生就业提供更多的机会。

4. 校友的反馈信息促进教育教学改革

校友们在高校学习多年,了解母校的办学特色、专业特点;同时又熟悉本行业管理规范、技术要求和人才需求状况。通过广泛听取校友对母校专业设置、人才培养方案等方面的建议,可以对学校教育教学有更深的认识,及时调整教学内容,对培养出社会广泛认可的高素质人才具有重要作用。

（二）开发校友资源的基本原则

1. 坚持以人为本、服务校友的原则

要搭建校友之间的交流与沟通平台,增进校友间的友谊与合作,弘扬学校的优良传统,不管校友对学校的贡献大小都应一视同仁,尽量满足他们的心愿,让校友感受到母校的情谊,从而赢得校友发自内心的支持,只有这样,才能使校友资源的开发工作日益巩固而见成效。

2. 坚持科学统筹、可持续发展原则

要以科学发展观为指导,通过校友会等组织,科学统筹安排校友资源开发工作。从学校长远的事业发展出发,不仅关注校友资源的现实性,更应注重校友资源的潜在性和可持续性,要像保护生态环境一样维持与校友的良好关系,使学校永远成为校友的终身背景和精神家园。

3. 坚持互惠共赢、合理有序的原则

学校与校友的关系,可以说是互动互求的关系。学校鼓励校友回报母校,同时也要体现母校对校友的关心与帮助,让校友感受到母校的温暖,从而形成学校关心、支持校友,校友关注、回报母校的"双赢"局面。

（三）充分开发校友资源的措施

1. 完善工作机制,保持与校友交流联络

定期组织好校庆、院（系）庆、毕业周年纪念等活动,使校友联系常态化、例行化,不断激发校友热爱母校的情感。不定期开展校友走访、就业调研、校友回访等活动,有针对性地组织校友企业来校开展招聘活动,加强与校友和用人单位之间的联系沟通,使各项活动成为推进就业的重要载体。校友还要与同学们开展深入交谈,提供切实有效的职业生涯规划和就业指导,以取得良好的效果。

2. 建立健全校友工作网络,拓宽就业工作渠道

地方校友会是团结、凝聚地方校友、加强母校与校友联系的纽带,学校要继续推进地方校友会乃至海外校友会的成立工作,建立健全地方校友联络组织,形成完善的工作网络。同时各个学院也要成立校友分会,建立起自己学院的校友数据库,与校友建立和保持积极联系,形成"总会统筹,部门协调,学院结合,各地互动"的校友工作格局,做到多方面收集校友信息,多渠道联络校友,多角度整合校友资源,拓宽毕业生就业渠道。

3. 加强校友与在校学生之间的互动,搭建就业工作平台

一方面,利用社会实践等机会,让学生们近距离接触校友、采访校友,参观校友企业,增进相互了解,加深校友对母校毕业生的印象,鼓励校友主动推荐和使用母校的毕业生。另一方面,通过优秀校友参加开学典礼、毕业典礼,举行事迹报告会,名家讲坛等形式,把校友的高尚品德、事业成就、成长经历、社会影响力等作为生动的案例,教育和启发在校学生,成为人才培养的重要教育资源。

4. 关爱毕业生,积极培养校友组织的新生力量

学校要以发展的眼光来看待毕业生的成长,增强毕业生爱校荣校的意识,引导校友之间互帮互助,在促进他们走向更好的职业发展道路的同时,鼓励他们将来为新一届毕业生争取更多的就业机会。

校友是学校十分宝贵的办学资源,是推动学校发展的重要力量。学校应该充分依托校友资源,积极开展校友工作,不断为大学生就业探索新途径,开辟新渠道。

学习评价与反馈

任务	存在的问题	改进措施

收获与感悟：

指导教师评语：

教师签名：

相关链接

　　几年前毕业于四川农业大学食品工程专业的李丽,曾参加过学校组织的招聘会,当时她嫌来招聘的企业多在偏远地区,不愿意去。她认为自己所学的专业虽然很好找工作,可又嫌工资太低。小李有两个梦想:当个自由撰稿人,或者当个化妆师。因为文化功底弱,她放弃了第一个梦想。为了实现第二个梦想,毕业后她去上海找工作。她每天穿梭于各个职业介绍所,为了节约开支,她甚至舍不得坐地铁,宁愿走几个小时的路。后来她终于在上海一家高级影楼当上了化妆助理,每月收入才2 000元左右。丢掉自己的专业不说,每天天不亮就出门,乘车赶两个小时的路程去上班,每天工作时间之长难以想象,这样工作了半年,小李觉得实在不划算,又重新找工作。后来她又先后从事了几个不同的工作,但都干得不长。不久前她回到四川参加某个外资食品公司的招聘,终于因专业对口,谋得一份月薪3 000元的工作,但是工作压力很大……

　　(1)结合本课的内容,分析小李就业的这段经历受到了哪些环境因素的影响。
　　(2)试分析与你的职业生涯发展密切相关的其他环境因素。

课外实践活动

　　参加一次人才市场招聘会,了解相关行业企业用人要求及发展现状。

第3章 做出自己的职业选择

学习目标

（1）认知目标：了解职业决策的程序，认识职业选择的重要性。

（2）技能目标：运用 SWOT 方法，做出合理的职业选择。

（3）态度目标：慎重对待职业选择，做好面对职场困难的心理准备，努力减少"跳槽"次数。

任务 3.1 职业发展的 SWOT 分析

案例导入

从计算机程序员到某品牌矿泉水区域代理

小李毕业于一所高职院校，所学专业为计算机应用技术。小李的父母本来希望他成为一名计算机程序员，工作体面，收入也不错。为了这个目标，他在校期间认真学习，还通过了一家著名 IT 企业的认证考试。

然而，他毕业后才发现，计算机专业的毕业生的就业竞争太厉害了，一些本科院校计算机专业毕业生都在纷纷转行。小李并没有如愿以偿地进入 IT 公司。好在小李本身聪明好学，又善于交际，毕业不久就被某品牌矿泉水集团看中，成为了一名营销人员。尽管各行各业都需要大量的营销人员，但目前这支队伍学历水平偏低，不仅缺乏足够的策划能力，而且职业道德水平也颇受诟病。公司看中的正是小李的职业素质：为人正直，能够获得用户的信赖；聪明好学，能够在瞬息万变的市场中抓住商机;熟悉信息技术,能够提高数据处理效率和业务管理水平。目前,小李已经成为华北一个重要城市的销售代理,销售业绩在大区内名列第一。

【评议】对于大多数高职院校学生来说,职业生涯规划是在入学后进行的,所学专业已经确定。在目前的管理体制下,学生的专业转换受到很大限制。因此,在制定职业生涯规划时,应该将社会环境、自身条件和所学专业统筹分析,确定合理的职业发展目标。案例中主人公在个人与社会的关系处理上较为恰当:一是选择了自己适合的职业,可以为在工作中发挥自己的聪明才智;二是结合了计算机信息技术应用面广的特点,将所学专业知识用于职业活动之中,充分发挥了自身优势。

任务要求

利用网络和实地调查,分析自身面临的职业发展因素,完成表 3-1 的填写。对这些因素按照重要程度分别排序,然后转换成表 3-2,并初步提出自己的职业发展设想。

表 3-1　职业发展调查表

SWOT	内环境因素	外环境因素
S:优势		
W:劣势		
O:机会		
T:威胁		

表 3-2　SWOT 分析模型

内部能力 外部因素	优势　Strength	劣势　Weakness
机会　Opportunity	SO	OW
威胁　Threat	TS	TW

相关知识

　　职业活动是社会生活的重要组成部分,是个体与社会相联系的重要方式。当前,世界经济正处于第三次工业革命之中,以智能制造和新材料技术为代表的新的生产方式正在形成,我国的经济发展方式也在发生相应的转变,这对社会组织形式和职业活动都有很大的冲击。高职院校毕业生要想获得良好的职业发展,就必须直面各种机遇与挑战,扬长避短,走出具有自身特点的职业生涯道路。因此,职业选择的关键是研判就业形势,充分利用一切有利因素,克服一切不利因素,在职业理想和社会现实之间找到一个满意的平衡点。

一、SWOT方法介绍

　　SWOT分析法是企业制定发展规划时常用的一种方法,在高职院校学生职业生涯规划中也可应用。职业生涯规划决策是一个复杂的认知过程,决策者需要组织有关自我和职业环境的信息,还要仔细衡量各种可供选择职业的前景。当个体缺乏必要的职业信息或个人职业特征信息时,就会产生职业生涯规划决策困难。

　　SWOT分析法又称为态势分析法,它是由旧金山大学的管理学教授于20世纪80年代初提出来的,是一种能够较客观而准确地分析和研究一个单位现实情况的方法。SWOT四个英文字母分别代表:优势(Strength)、劣势(Weakness)、机会(Opportunity)、威胁(Threat)。从整体上看,SWOT可以分为两部分:第一部分为SW,主要用来分析内部条件;第二部分为OT,主要用来分析外部条件。利用这种方法可以从中找出对自己有利的、值得发扬的因素,以及对自己不利的、要避开的东西,发现存在的问题,找出解决办法,并明确以后的发展方向。SWOT分析的基本步骤是先在以上四个维度上进行分析,然后通过矩阵式交叉分析,找出适合自身发展的基本策略。

　　1. 分析环境因素

　　运用各种调查研究方法,分析出公司所处的各种环境因素,即外部环境因素和内部能力因素。外部环境因素包括机会因素和威胁因素,它们是外部环境对公司的发展直接影响的有利和不利因素,属于客观因素;内部环境因素包括优势因素和弱点因素,它们是公司在其发展中自身存在的积极和消极因素,属主动因素。在调查和分析这些因素时,不仅要考虑到历史与现状,而且更要考虑未来发展问题。

2. 构造 SWOT 矩阵

依据调查得出的各种因素根据轻重缓急或影响程度等方式排序,构造 SWOT 矩阵。在此过程中,将那些对公司发展有直接的、重要的、大量的、迫切的、久远的影响因素优先排列出来,而将那些间接的、次要的、少许的、不急的、短暂的影响因素排列在后面。

3. 制订行动计划

在完成环境因素分析和 SWOT 矩阵的构造后,便可以制订出相应的行动计划。制订计划的基本思路是:发挥优势因素,克服弱点因素,利用机会因素,化解威胁因素;考虑过去,立足当前,着眼未来。运用系统分析的综合分析方法,将排列与考虑的各种环境因素相互匹配起来加以组合,得出一系列公司未来发展的可选择对策。

二、大学生职业生涯规划 SWOT 分析步骤

职业生涯规划与企业发展规划过程有相似之处,都需要在充分认识自我、了解外界环境之后,评估各种环境因素对自己职业生涯的影响,根据自己的兴趣、爱好与特长,考虑自己的性格、气质与能力等特征是否适合这样的环境发展。在生涯机会评估的工具中,SWOT 分析方法是最基本的一种方法,通过它能很容易知道自己的优点和弱点在哪里,并且可以详细地评估出自己所感兴趣的不同职业道路的机会和威胁所在。对职业生涯机会的评估运用 SWOT 分析时,应遵循以下步骤。

1. 评估个人的长处和短处

标出重要特质。我们每个人都有自己独特的技能、天赋和能力。在当今社会分工高度细化的市场经济条件下,每个人只会擅长于某一方面,而不可能事事都做得很好。比如说,有些人喜欢与人交往,而有些人则一想到与陌生人打交道,心里就发麻,惴惴不安。列出自己喜欢的活动和擅长的事情,识别自己不喜欢的活动和不擅长的方面,特别要认识自己的短处,试图改正它,并在职业生涯规划中避开它。

2. 识别职业生涯的机会和威胁

不同产业面临不同的外部机会和威胁,我们选择的职位和未来职业生涯也将会受到这些机会和威胁的影响。所以,要识别这些外部因素,找出这些外界因素将有助于我们做好职业生涯规划,处于衰退产业中的公司很少能提供职业生涯成长机会,没有职业升迁的机会;相反,充满了许多积极的外界因素的产业,工作前景是光明的,将为我们提供广阔的职业前景。列出 2~3 个自己感兴趣的产业,批判性地提出这些产业所面临的机会和威胁。

3. 对分析结果进行组合

通过对自身和外部环境分析,得出了自己的优势和劣势,所处环境的机会和威胁,这样我们就可以进行组合(见表3-2)。利用优势和机会的组合,改进劣势和机会的组合,消除劣势和威胁的组合,利用优势和消除威胁的组合。我们可以根据组合的结果进行职业的选择。

通过 SWOT 分析方法对职业生涯机会进行评估,全面地从内外环境对自身的优势、劣势和机会、威胁进行分析,生涯机会前景就会清晰地显现出来。当然,对自身和外界环境的分析是一个渐进的过程,不可能一蹴而就,只有在不断思考和对信息充分利用的基础上才能准确地把握,必要时还应该去咨询老师或者职业指导方面的专家。

4. 描绘未来五年职业生涯的目标,进行自己的 SWOT 评估

列出 4～5 个在未来五年中自己要实现的目标。这些目标可能包括在毕业后找到一份称心的工作,打算管理多少个下属,或者希望工资水平达到多高等。最好使自己的优势与所在产业的机会相吻合。

5. 描绘未来五年职业生涯的行动计划,使自己的计划具体化

写出实现自己生涯目标的具体行动计划,确切地描述在什么时候应该做什么。自己职业生涯的具体行动计划将为未来的决定提供指南,正如组织的计划为管理者的决策提供指南一样。

三、SWOT 技术的具体运用

高职院校学生在思考职业未来时,不要急于判断如何去做,而应先认清自己,进行自身优势、劣势及周围职业环境的机会和威胁分析,对自己的职业未来做一个战略规划。好的战略规划虽不见得能确保成功,但至少可以避免走太多弯路。

(一)职业机会 SWOT 分析

1. 优势

优势分为个人优势和资源优势,个人优势属于个人因素,不随外界因素变化,如口才好、交际能力出众、有文体特长等,是显性优势,容易把握。另外一些优势相对隐性,如对数字敏感、逻辑能力强等,不管对职业有无帮助,都要先罗列出来。若担心不够全面,可请同学帮忙,互相提醒,认真发掘。资源优势包括人力资源、财力资源、品牌资源、知识资源等,如认识有能力的朋友、出身名校、专业紧俏,当然最重要的资源,还是知识资源。把自己的专业重新解读一下,会豁然开朗。比如,电气专业的学生,电路流程能搞明白,对管理流程的制定和理解更没问题。这些基于专业特性的思维习惯,将其适度放大,就可能成为知识资源优势。还有些大学生共有

的优势,也要发挥出最大效能,如年轻、有好奇心、愿意尝试新鲜事物、渴望挑战、学习能力强、受过系统的专业训练、集体生活养成良好的集体意识等。

2. 劣势

劣势是相对于优势而言的,是欠缺的地方。找出劣势,对于战略规划意义重大。在了解自己能做什么之前,应先了解最好不要做什么、可能遇到什么麻烦,这样可以降低失败的概率。过度自信或自卑都可能影响我们的判断力,不要把“没有优势”直接看作“劣势”,在某方面没有优势仅仅说明不够出众,如果妄自菲薄为“劣势”,就可能真的成为劣势。客观地剖析一下自己的短处,如不善言辞、粗枝大叶、缺乏一技之长等,分析劣势的目的不是使自己变得沮丧,而是要了解如何避开劣势,在职业道路上走得更顺畅些。大学生也有些共性劣势需要注意,如缺乏经验、自我期望较高,从而导致跳槽频繁、知识过时不适应等。

3. 机会

宏观上,经济包括国家经济形势、产业政策、法律法规、各区域产业发展态势、行业趋势等;微观上包括搜集到的来自各企业、政府部门、人才市场、学校或学长们提供的有利信息。尤其要关注新生的或高增长预期,和自己专业或自身优势有关的边缘型、复合型职业领域,还有职业竞争者薄弱、国家强烈倾向的人才政策等利好信息,对机会的分析需要宽广的视角。

4. 威胁

威胁包括人才市场竞争激烈、人才需求饱和、所学专业领域增长过缓甚至衰退、新的低成本竞争者、人才需求方过强的谈判优势、不利的政策信息、新提高的职业门槛等;也包括自身的健康隐患、家庭不稳定、财务状况糟糕等。若能对威胁有所预防,就等于先确立了一定程度的优势,普遍存在的各类威胁也能成为我们参与社会竞争的有利工具。罗列四个维度要素时,应把内部因素和外部因素分别列出,并将各部分最重要的因素压缩到五个左右,然后开始职业机会分析(以欲从事管理工作的学生为例),见表3-3。职业生涯战略可借助 SWOT 矩阵进行分析。

表3-3　大学生职业机会分析

SWOT	内环境因素	外环境因素
S:优势	• 综合素质较好 • 创新意识强 • 坚定的信念 • 明确的目标 • 勤奋好学	• 政府出台相关政策帮助学生就业 • 社会舆论的宣传和肯定 • 企业管理潮流不可逆转 • 学校的影响力 • 家庭的支持

（续表）

SWOT	内环境因素	外环境因素
W：劣势	• 缺乏社会经验 • 办事主观 • 协调性不够、拖拉 • 有时容易冲动	• 管理人才不断增多并过剩 • 就业市场竞争激烈 • 企业对使用应届毕业生有顾虑 • 学校企业管理专业不成熟
O：机会	• 自己具备管理的理论知识 • 从事企业管理的欲望强烈 • 具有较强的自学能力 • 对管理有独到的见解	• 缺乏高水平人力资源管理人才 • 部分企业给了实践展示的机会 • 市场经济的活跃 • 家乡需要人才建设
T：威胁	高水平管理知识不够，能力有限	就业难度大，企业、外界要求高

（二）SWOT 分析注意事项

SWOT 分析能为职业生涯规划提供有价值的参考，但过于依赖该工具反而可能使我们作出错误判断。首先，工具虽经过严谨设计且有大量样本验证，但其本身难免有局限性；其次，未受过相关训练的大学生在没有任何指导下自己做测评，难免会有偏差。SWOT 工具为我们提供了思考职业发展问题的角度，使我们能综合、细致地自我反思，更合理地做出职业发展战略规划，但在进行职业规划时还应注意三个问题：一是自己的兴趣点是什么。二是自己的基本价值观是什么。三是自己的个性特征适合做哪一类职业。必须使三者与 SWOT 分析结合起来，做出来的职业生涯规划才会持久而有指导作用。

用 SWOT 分析应与个人兴趣点、价值观、个性特征相结合。我们做出职业选择时，或许会由于各种客观因素的制约，暂时难以如愿。但有了对自身全面的分析和长远的职业生涯规划，对今后慢慢调整自己的职业道路意义深远。很多大学生对职业生涯发展的战术性问题更感兴趣，然而管理实践告诉我们，战略一定是高于且先于战术的。我们从现在开始就应该培养自己的战略性思维，指导自己职场战术行为。在准备踏上职业发展长路之前，先自我整理一下，科学规划一下，才能朝着正确的方向大步前进。

学习评价与反馈

任务	存在的问题	改进措施

收获与感悟：

指导教师评语：

教师签名：

课外实践活动

在辅导员或班干部的主持下，由一名同学利用 PPT 介绍自己的职业分析过程，其他同学依次向介绍者提问，并提出建议。最后，由主持人对该同学的因素分析给出评价结论。

任务 3.2 职业决策

案例导入

一名高职高专大学毕业生的就业历程

2002 年 7 月份，小李毕业了，加入了找工作的大军中。离开学校，他没有回家，怀着对大城市的向往，拿着一学期省吃俭用省下来的 200 元钱，直接踏上了北上的列车，来到了计算机专业大学生心中的圣地——"中关村"。对于小李这个农村孩子来说，北京的一切都是那样的新奇，但是，他来不及关注周围的风土人情，便马不停蹄地投入到一场又一场的招聘会中。他的职业理想是做一名程序员，来京之前做好了应付困难的思想准备，但残酷的现实还是令他始料未及。招聘会上名校毕业生的简历堆积如山，他的简历就像沧海一粟。从他投宿的老乡的眼神中，他感到前所未有的压力，并开始怀疑自己选择的职业目标。

在短暂的彷徨过后，小李冷静下来重新定位：当前需要解决的首要问题是生存，是在这个大城市生存下来。他重新回到招聘会中，不再问招聘单位是否在中关村，也不再问工资待遇是否过了他原定的底线。就在一次次失望，身上仅剩 20 元钱的时候，一所高校的下属公司被他的真诚态度和对计算机网络的独特认识所打动，向他敞开了大门。月薪 800 元，小李不假思索地就答应了。尽管这是一个高消费的城市，但 800 元却能够解决他的燃眉之急。第二天，小李就上班了。他非常珍惜这来之不易的工作，工作中要比别人多付出几倍的努力。三个月后，他的真诚努力、谦虚好学感动了老板，使老板改变了最初招聘这个岗位的初衷。本来这是一个 pc 维护员的岗位，但老板开始让他负责公司办公室的工作，包括公司的信息化建设、设备采购、接待业务等，薪酬水平也提高了好几倍。小李在班上紧张地工作，业余时间也没有闲着。公司绝大部分员工都是高学历人才,只有小李和少数几名员工是大专生。小李是一个不满足现状的人,利用身处高校的有利环境,下班后经常去学校的各个教室里去旁听外语、操作系统、程序设计等课程,只要感到有益就学。功夫不负有心人,2004年上半年,公司选派年轻后备人才去国外学习管理课程,小李靠着平时的学习积累,在激烈的竞争中有幸入选。虽然在国外只有短短一个月的学习时间,但使他开阔了眼界,增长了知识,增强了信心。2004年下半年,学校成立培训学院,小李凭着自己的实力,顺利通过应聘考核,走上了培训学院国际培训部副主任的岗位,负责培训市场开发。在这个岗位上,小李一干就是五年。尽管工作非常努力,但还是感到自己知识的不足。因此,在2009年,小李考取了华北电力大学的工商管理硕士,再一次进行充电,为职业生涯发展做好新的准备。

【评议】职业选择是高职高专学生必须面对的一道难题。案例中主人公的择业过程给我们三点启示:一是注重职业发展环境,尽管工作收入不高,但高校所办企业的环境使他有了更多的学习机会;二是职业决策是一个动态过程,在职业生涯发展中需要作出多次的抉择;三是需要做好职业准备,他所具备的爱岗敬业精神和IT行业的职业素养,是职业发展成功的关键因素。

任务要求

根据已经完成的 SWOT 分析结果,作出自己的职业决策,明确求职的行业、地区、收入要求、企业要求和岗位要求,填写表 3-4。

表 3-4　职业决策表

要素	可供选择方案	选择结果	主要理由
行业			
地区			
工作环境			
薪酬			
企业			
工作岗位			
其他			

相关知识

一项调查表明,从业人员找到适合自己的工作平均要用3.5年的时间,有1/3的上班族认为自己仍在从事错误的工作。由此可以看出职业选择的重要性。所谓职业选择,就是按照职业理想和职业目标,通过对个人职业素质和职业环境进行评价,确定将要从事的职业的决策过程。

一、职业评价

1. 职业评价的概念

社会分工导致职业的划分,也带来了对职业的评价。职业评价是人们对职业所具有的认识和态度,反映了一定社会历史发展阶段人们对社会各种职业的基本价值判断,一般表现为对职业地位和职业声望的看法。

职业评价的角度、标准是多样的。从职业本身来看,是没有高低、贵贱、好坏的区分的。社会职业是一个系统,不同职业之间相互依存,共同维护着社会的运行和发展。但是,一方面,由于社会分工造成不同职业在劳动强度、技术水平、收入状况、工作条件等方面形成差异;另一方面,不同职业对劳动者的要求也不一样,职业的责任大小、风险高低、知识含量、技术程度、体力和智力的要求等方面都有所不同。这些客观存在的差异,导致了人们对职业的不同评价。

2. 职业声望

社会分层是一种客观的社会现象,是制度化的社会不平等体系。不同的职业依据本身的社会结构占据不同的社会位置,这便是职业声望。从事不同职业的社会成员因其地位的不同而有不同的权力、财富和声望,所以谋求声望较高的职业是个人获得心理满足并肯定自身社会价值的必然选择。农业社会对农民的评价高于商人;工业社会崇尚科学家与企业家,对商人的评价高于农民。因此,职业声望是现实的,也是历史的、发展的。2007年4月,新闻媒体报道,根据一项上海4000户入户调查,仅有1%的人愿意做工人;人才就业意向根据频率高低依次为政府机关、事业单位、垄断性企业、金融保险等。一定时期内具有倾向性的社会舆论能够强烈地影响某些职业的社会评价,进而影响相关专业的个人需求。

决定职业声望高低的因素主要有四个方面:

(1) 社会功能。职业社会功能是指某一职业对社会的作用,它由责任、权力、义务体现出来。不同的职业承担了不同的社会功能。在社会运行中发挥着不同的作用。社会功能大的职业,任职条件高,职业层级就高。

（2）工资报酬。职业工资报酬是指任职者的工资收入、福利待遇、晋升机会、发展前景等方面因素。这是一个综合的指标，如工资收入高，并不一定福利待遇高，也不一定晋升机会就多，发展前景就好。因此，不同的择业者可以按照不同标准得出不同的结论，也可以根据自身不同的需求来做出不同的选择。

（3）自然条件。职业自然条件是指与职业活动相关的工作环境。如技术装备、劳动强度、安全系数、卫生条件等。职业自然条件好，职业社会层级也就高。

（4）职业要求。职业要求是指一定的职业对任职者各项素质的要求。对人要求越高，被人替代的可能性就小，职业社会层级也越高。职业要求一般与劳动者的受教育培训程度密切相关。

中国青年报社会调查中心与新浪新闻中心联合开展的一项调查（1645 人参与）显示，38.8％的人认为，收入低是人们不愿意当蓝领的主要原因。21.8％的人认为"职业声望低"才是主因。另外有 37.6％的人则认为，蓝领短缺的现实是由这两个因素同时造成的。某汽车生产企业的一名管理人员谈到，在他们单位，确实有不少技术工人的收入比他高。但抛开能否胜任的因素，他并不愿意和工人们交换岗位。在他看来，管理人员比工人"更体面一些"。本次调查中，有 20.5％的人表示，即便薪水足够高，他们也未必愿意去做蓝领。工作是否体面，或者说职业声望高还是低，正在深刻地影响着人们的职业选择。而影响蓝领职业声望的因素之一，66.9％的人认为是工作环境。今天，蓝领的工作环境已经有了不少改善，甚至不少人只需要在仪表前操作。但是大多数蓝领的工作环境依然艰苦，远没有"一杯茶，一台电脑"的白领工作来得悠闲。58.8％的参与调查者认为，影响蓝领职业声望的因素还在于"职业上升空间不足"。一位老工人说，从前技术工人通过一步步努力，可以当班长、当车间主任、当厂长，甚至当上国家领导人，现在已经很难再有这种情况。管理岗位都有学历限制，技术蓝领顶多当个班长，做到高级技师就到极限，很难有更好的发展。此外，57.1％的人认为，传统观念也是影响蓝领职业声望的因素之一。"劳心者治人，劳力者治于人"的舆论氛围和固有观念，深刻地影响了一代又一代人。甚至少数人都不觉得劳动是件光荣的事情，认为"还是做管理比较体面"。39.9％的受访者认为，影响蓝领职业声望的因素还在于"工作不稳定，下岗几率大"。随着国有企业改革的深化和机关事业单位机构的精简，以及上亿名农民工和每年上百万名大学毕业生的出现，蓝领平均受教育程度相对较低，参与就业竞争的能力较弱，随时面临下岗失业的压力。中华全国总工会与国家统计局在 2005 年合作进行的一次全国职工队伍状况调查显示，工作稳定性最受蓝领关注。

任何一种职业都有自己的职业声望。职业声望是人们对职业社会地位的主观反映,是对职业地位资源状况,如权利、工资、晋升机会、发展前景、工作条件等方面所做出的综合的主观判断。职业声望的高低.不仅仅是由收入决定的,它更多体现出的是一个职业在社会中的地位。

影响职业声望的因素主要有:

(1) 个人偏见。有人形成了对某种或某一类职业的好与恶的心理定势,缺乏客观性与全面性,只以评价职业声望的个别因素为依据,来对职业进行评价。

(2) 社会环境。人是一定的社会环境的人,人们对职业的评价往往被社会上某类个别现象所引导,如时尚性、趋利性等。尤其是一定社会的政治和文化背景,直接左右着人们对职业的评价。

(3) 舆论氛围。在一定时期内,由于大众舆论所造成的具有倾向性认同的职业,虽然职业地位不高,但因其收入等其他因素,使评价者对某一种或某一类职业出现了心理倾向性。

(4) 性别差异。职业社会调查结果显示,男女对职业声望的总体评价大致相同,但在绝对分值中,则显示了性别的差异性。

(5) 教育程度。受教育程度的不同,人们对职业声望的评价不尽相同。

(6) 国别和地区。不同国别和不同地区的人们,在职业声望比较中,也显示出差异性。

职业声望的高低,决定了从事这一职业人员的竞争激烈程度。职业声望越高,希望从事这种职业的人数越多,竞争也就越为激烈。同时,职业声望的变化,也体现出社会价值观的变化,在一定时期内,职业声望排列呈相对稳定状态,在不同的社会发展阶段,同一职业的社会声望也有所不同。

一般来讲,人们都愿意选择职业声望高的职业,因而导致了职业间的人员流动。但是,有时候也会出现一些异常现象,如将就业地点作为唯一选择,而不顾及职业声望。事实上,职业虽然有区别,但只是分工不同,都可以对社会作出贡献。对高职院校学生而言,在择业时应避免从众心理,而是根据自身条件选择适合自身发展的职业。

3. 职业流动

职业流动是劳动者在不同职业群体和职业类型之间的流动。意味着劳动者职业角色的变换,是劳动者在放弃一种职业的同时又获得新的职业。合理的职业流动有利于人力资源的利用,也有利于个人的特长发挥。在当今社会中,一个人一生往往要经过多次的职业流动和转换,才能达到职业的稳定。上海"青年发展报告"调查显示,在职青年职业流动率达 28.8%,职业流动的预期更高达 56.3%。

导致职业流动的根本原因在于生产力发展。社会化大生产为职业的变换和劳动者的流动提供了可能,现代化和全球化的进程更进一步打破了一业定终身的传统观念,职业流动的范围越来越大,频率越来越高,个人的能力也越来越得到充分的发挥。先进的就业制度也极大地促进了职业流动。在计划经济、统招统分的模式下,很少有人能够频繁调动工作,现在双向选择的模式使人们可以选择发挥自身才能的岗位。市场条件下的劳动契约关系也对职业的流动有积极的影响。当然,利益的诱惑、人际关系的因素以及自身知识储备等方面也对职业流动产生影响。一些下岗的人员就是因为个人知识技能无法适应生产发展的需要,达不到新职业、新岗位的要求。因此,职业流动可能是向上的,也可能是向下的,或者是平行的流动。

从规模上看,职业流动有结构性流动和个体性流动。结构性流动是引起社会结构发生大规模变动的职业流动。改革开放以来,大量农村剩余劳动力流向城市,不仅加快了城市建设的步伐,也改变了城市人口和农村人口的结构。而近年来产业结构的调整,大量劳动力进入第二产业,从事各种生产和服务,使得第一、二、三产业的从业者比例也发生了巨大变化。

个体性流动是指由于劳动者个人的原因而使其自身职业发生变化。

从方向上看,职业流动分为横向流动和纵向流动。横向流动就是在属于同一职业地位和职业声望的职业类别中转换不同的职业角色,而在不同职业地位和职业声望的职业类别中转换职业角色就是纵向流动。

大学生初次就业后一年内是工作变动最频繁的时段。2009 年毕业的大学生们究竟有多少在经过近一年的职场生活后做出了"跳槽"的选择?调查显示,有20%~40%的毕业生都变换了工作,编辑出版、计算机、数控专业成为离职率最高的专业。

据麦可思研究院编写、社科文献出版社出版的 2010 年大学生就业蓝皮书——《2010 年中国大学生就业报告》,对 2009 届大学生毕业半年后抽样跟踪调查,此次抽样达到约 50 万人,回收有效问卷 22 万份。统计数字显示,2009 届大学毕业生半年内的离职率分别为:"211"院校 22%,非"211"本科院校 33%,高职高专院校45%。"离职类型"分为主动离职、被雇主解职、两者均有(离职两次以上可能会出现)三类情形。其中主动离职的占到了 88%,在离职毕业生中,有 31%的人是因为感觉个人发展空间不够而辞职,有 25%因为薪资福利偏低辞职,还有 13%因为想改变职业和行业。除此之外,离职理由还包括:工作要求和压力太大、对企业管理制度和文化不适应、就业没有安全感、准备求学深造等。

二、职业意识

职业意识是人们对职业的认识、情感和意向的综合,是在职业选择过程中对自己现状的认识和对未来职业的愿望。对于毕业生来说,职业意识表现为对于将来要从事职业的认同。不同的职业意识决定毕业生不同的择业态度和择业方式。要形成正确的职业意识,就必须重视以下几方面的问题。

(一)树立自我意识

自我意识是自我意向和自我认识两个方面的辩证统一。自我意向是指人的独立性、自尊心、自信心、自制力与自我理想等。自我认识包括自我感觉、自我表现、自我概念、自我观察、自我分析、自我评价、自我监督、自我教育等。两者之间相互对立、相互依存,经常处于不平衡状态,就构成了人的内心世界的矛盾和斗争。这种个人内心世界的矛盾和斗争现象,就构成了自我意识的矛盾运动。一些毕业生在选择职业的过程中,理想与现实、个人利益和集体利益、书本知识与实践相脱节的现象就是这种矛盾的表现。只有那些具有良好的自我意识的人,才能在面对不同职业进行选择时,清醒地了解什么是自己所需要的工作,什么是最适合自己的职业。

1. 自主意识

毕业生择业需要得到老师和亲友的帮助指导,但又必须自主作出决定。就业对一个人的一生影响巨大,在这一关键环节应该将命运掌握在自己手中。部分毕业生在选择职业中,思前顾后、左右摇摆,这是缺乏自主意识的表现。自主是能力的体现、成熟的象征,是对毕业生的基本要求。选准目标是决策的开端,对整个择业过程起着定向作用,毕业生应注意培养自己发现机遇、利用机遇、把握机遇的能力。

2. 自信意识

毕业生在求职时,自信意识是十分必要的。每个人都有自己的理想、志趣与抱负,在选择职业时应尽量找到与自己兴趣相符的工作单位。有些同学既踌躇满志,又忐忑不安,对能否找到符合自己意愿的工作信心不足。这些同学应在充分了解自己的基础上,正确地评价自己,树立"天生我材必有用"的信念,对自己的智力、能力和创造力进行充分肯定,这样才能接受社会的选择和未来的挑战。要相信任何困难都能克服,命运最终掌握在自己手中。

3. 风险意识

毕业生在市场竞争中有可能成功,也有可能失败。社会发展在加快,过去那种铁工资、铁饭碗、铁交椅的时代已一去不复返了。所有的毕业生不可能同时找到工作,有些可能成为待业人员,有的找到工作后由于种种原因也可能被辞退。在市场经济条件下,人才的供求不可能总是处于平衡状态,有些可能供过于求,有的可能供不应求。社会对各层次、各专业毕业生的需求也同样遵循这一规律。当某一层次或专业的毕业生出现过剩时,就会引起毕业生就业难或失业。市场经济离不开竞争,竞争的结果是优胜劣汰。少数素质差、能力低的毕业生找不到工作是必然的。在目前人才市场还不完善的情况下,可能出现信息不灵敏、就业渠道不畅通、就业指导不力等问题,在现实生活中,有些毕业生对就业的期望值过高,不能正确地评价自我,也可能导致择业的失败。因此,毕业生必须树立风险意识,正确地对待择业过程中遇到的各种困难。

4. 竞争意识

在市场经济条件下,竞争无处不在、无时不在。技术是知识与智力的竞争,求职是素质与智力的竞争。强化毕业生的竞争意识是毕业生求职前最基本的心理准备。

高职毕业生在就业市场上的竞争包括四个层面:一是与社会流动人员的竞争,在职人员的职业转换与高职毕业生产生竞争;二是与本科毕业生的就业竞争,由于本院校就业形势严峻,有些岗位同时吸收本科和高职毕业生;三是高职不同专业毕业生之间的竞争,如汽车修理专业与市场营销专业毕业生共同竞争汽车销售岗位;四是高职同类专业毕业生之间的竞争。高职毕业生要敢于面对竞争的现实,充分展示自身优势,获得用人单位的认可。在人才市场的竞争中应注意树立公平意识,尊重竞争对手,不采用非法和不公平的手段。

(二) 树立社会意识

职业是与社会分工分不开的,是社会发展的产物。职业的选择也离不开具体的社会历史条件。在整个学习过程中,特别是在顶岗实习中,应将学习与未来的职业联系在一起,在学习技术的同时也学习一些社会知识,增强对职业环境的认识。只有树立新的社会意识,具备了相应的专业能力、方法能力和社会能力,才能做出正确的职业选择。

1. 正确地认识社会

目前,我国已经将建设创新型国家作为发展战略的核心,转变经济发展方式、建设现代产业体系是当前最重要的社会任务。但从根本上讲,我们还没有彻底摆脱贫穷落后的面貌,生产社会化程度低、商品经济和国内市场不发达,与此相适应的生产关系和上层建筑还不完善,还处在社会主义的初级阶段。这个阶段的经济特点是:工业化尚未实现,信息化已经开始;以公有制为主体的多种所有制形式和经营方式并存,以按劳分配为主的多种分配方式并存;各种文化思潮相互碰撞,现代主义与后现代主义相互交织。社会所面临的主要矛盾仍然是人们日益增长的物质文化需要同落后的社会生产力之间的矛盾。要解决这个矛盾,就必须大力发展社会主义市场经济,提高劳动生产力,并为此而改革生产关系和上层建筑中不适应生产力发展要求的部分,实现工业化与信息化的融合。随着信息化、自动化技术的快速发展,传统工业领域需要的操作型人才越来越少,而新兴产业、现代服务业需要的人员越来越多,因此,高职学生应该认识清楚哪些职业是不能被机器替代的职业,哪些职业是最有前途的职业,并为此进行知识和能力准备。

2. 主动地适应社会

一个人要想生存和发展,离开具体的社会环境是难以想象的。对于高职高专毕业生来说,融入社会的第一步就是适应社会。适应得快,就为今后的人生旅途开了个好头,为有效地工作、生活奠定了基础。否则,将会给未来的工作和生活涂上一层难以抹去的的阴影,成为人生沉重的包袱。

特别应引起注意的是,用人单位对毕业生都有一个试用期,毕业生起初的表现直接决定着能否试用合格,而在这个试用期恰恰有许多毕业生犯了理想化的错误,未能实现从学校人向职业人的转变。所以,对毕业生来说,如何主动地适应社会,有着极其重要的现实意义。

3. 积极地改造社会

社会是不断前进、不断发展的,适应社会是为了更好地改造社会。改造社会要顺应社会发展的客观规律,顺应历史潮流,社会生产力是不断提高的,生产关系也需要按照生产力发展的需要不断完善。高职高专毕业生比传统的职业者掌握着更为先进的技术,是先进生产力和技术工人中的代表人物,应该有崇高的社会责任心和使命感,增加改造社会的自觉性,自觉地肩负起推动改革前进的历史重任。要用辨证的、发展的眼光去对待社会阴暗面,正确地面对现实,不折腾、不懈怠,把个人的特长与社会的需要结合起来,既要敢为人先,又要与广大员工融为一体。

(三)树立现代职业意识

1. 职业平等意识

虽然不同职业之间存在着客观的差别,在经济收入、工作条件、地理环境、舒适程度等方面都有所不同,但是职业之间是没有尊卑高下之分的。尤其对于年轻人而言,更要树立敬业奉献的观念,端正职业动机,发扬吃苦耐劳的精神,勇敢地去民营企事业单位、小城镇和边远地区展示才华,建功立业。

2. 优胜劣汰意识

人才市场的确立和人才资源配置的市场化,带来了激烈的人才争夺战。市场经济是法治经济,有着一套完善的市场竞争规则,不守规则者最终会被淘汰出局。获得职业成就最主要的是靠高尚的职业道德和较强的职业能力,企图采用不正当竞争手段,不可能最终获得成功。

3. 自主创业意识

随着就业形势日益严峻,供需矛盾更加突出。同时应该看到,企业经营者的素质也需要不断的提高。随着市场经济的不断完善,社会将为具有经营能力的人才提供越来越多的机会。当条件具备时,高职毕业生可以走自主创业之路,既为自身的职业发展铺平道路,也为社会创造更多的就业机会。

4. 团队协作意识

现代社会经济技术的发展,使得每一个人的成功都离不开别人的支持和帮助。如果再固守"鸡犬之声相闻,老死不相往来"的想法,将会一事无成。任何一种职业都处于特定的职业群体当中,通过相互的协作才能带来共同的进步和发展。因此,在学习期间就要培养团队精神和协作意识,形成和谐共处、共谋发展的集体主义思想。

5. 职业发展意识

这是一个信息爆炸的时代,新知识、新技术、新工艺不断涌现,科学技术发展日新月异。如果不加强学习,及时更新自己的知识,就会很快落后于时代。因此,要广泛吸取社会、经济、科学、技术等方面的新信息,巩固和充实自己,跟上时代潮流,为实现自己的职业目标打下良好的基础。

三、职业理想

(一)职业理想的特征

职业理想是人们对未来职业的向往和期盼,是人生理想的重要组成部分,一般包括工作种类、工作部门和工作成就等方面。

职业理想一般具有以下特征:

(1)抽象性。职业理想在形成初期比较具体,但随着认识水平的不断提高,职业理想会倾向于抽象化的职业成就,而不是刻板的工作部门或单位。

(2)现实性。职业理想的形成是主观与客观相统一的过程。开始的职业理想比较单纯,带有较强的主观色彩。随着对社会客观条件的逐步认识,职业理想也会不断调整,更加符合现实需要。

(3)稳定性。学生时代的职业兴趣和职业目标都带有很大的随意性,随着年龄的增长和阅历的增加,会逐渐找到个人与社会的结合点,使职业目标和个人条件更加符合,形成稳定的职业理想。

(4)差异性。一个人确立什么样的职业理想,是受到人生观制约的。有什么样的人生观,就会有什么样的职业理想。正是因为有了不同的职业理想,才使社会有可能造就适合各类职业的人才。与普通高校学生相比,高职高专学生更多地倾向于选择基层工作岗位。

(5)发展性。职业理想有一个从不成熟到成熟的发展过程。由于社会因素的复杂性,有些人的职业理想会变得越来越符合社会需要,有些人的职业理想可能会变得越来越扭曲。

(6)时代性。不同的时代对从业人员有着不同的要求,职业也会发生巨大变化。曾经在社会中发挥过重要作用的电报员,在现代社会已经消失了。随着发展方式的转变,会有越来越多的操作岗位被机器或机器人所替代,以脑力劳动为主的职业会越来越多。

(二)职业理想的功能

1. 实现个人人生理想的必要途径

个人的生活理想是主要通过家庭来实现,而事业理想主要通过工作业绩和职业成就来实现。在当今社会,一个人要在事业上取得成就,必须有一个稳定的职业。如刘翔就是靠110米跨栏成为世界冠军,实现了自己的人生理想;朗朗则是依靠对音乐的超常感觉,登上了世界音乐艺术的殿堂。

2. 职业选择的先导

职业选择行为是由职业理想决定的。有了职业理想,就会为从事这一职业进行知识和技能上的准备。因此,职业理想对于人们求职和就业准备,绝不仅仅是一般性的影响,完全是一种推动人们想方设法去获得理想职业的动力,即推动人们求职和进行就业准备的动力。

3. 取得职业成功的直接动力

托尔斯泰曾说过:"理想是指路的明灯,没有理想就没有坚定的方向,就没有生活。"职业理想是一个人在职业生活中的目标。树立了职业理想之后,就要积极开始相关知识的积累和能力培养,为实现职业理想做好准备,走上工作岗位之后,还要努力地、创造性地开展工作,取得优异的成绩。只有这样,才能最终把职业理想变成现实。

4. 实现社会理想的重要桥梁

社会理想主要指一定社会集团(群体)或社会中一定成员对所向往和追求的未来社会的一种美好的想法,如我们常随的社会主义理想、共产主义理想等。社会理想所向往、追求和设想的是社会的经济制度、政治制度以至整个社会的形态。职业理想所向往、追求和设想的是职业岗位及就业要求。职业理想是在社会理想指导下对社会理想的落实和具体化。人们通过从事一定职业,并以此为依托去实现自己的社会理想。实现共产主义是人类历史上空前伟大的事业,要靠千百万人的长期艰苦奋斗,离开了社会的每一个成员在各自岗位上的努力和点点滴滴的积累,共产主义的社会理想是不可能实现的。

四、择业观念

观念是行动的先导。择业观念正确与否,直接决定职业选择过程中的行为和选择结果,也直接影响着毕业生能否顺利就业。职业选择总是受到当时的社会状况、经济发展水平、就业政策和普遍性社会心理的影响。这些条件是客观的、现实的、具体的,毕业生很难摆脱社会环境的影响。

然而,面对不断变化的社会环境和严峻的就业形势,只有转变一些陈旧的择业观念,扩宽就业思路,才能适应人才市场环境,争取到更多的就业机会。当前形势下,高职院校毕业生应该树立以下观念。

1. 认识自我、适应社会

择业成功需要个人愿望和社会需求的一致性,只是单纯强调个人要求和岗位要求都是不切实际的。对择业者而言,需要做到"知己知彼",在求职目标、个人条件和社会现实之间找到一个最佳的平衡点。首先要正确估计自己的综合能力,明确自身优势与不足,了解自己的职业兴趣所在,能够扬长避短,防止草率地作出职业选择;其次要了解社会需求,掌握市场规律,在人才供不应求时适当提高自己的期望值,在就业形势严峻时,暂时减低就业期望值,抛弃不切实际的幻想。

2. 主动选择、摆脱依赖

随着经济发展方式的转变,用人单位对应聘人员的主动性、创造性越来越重视。反映在就业本身,毕业生应该根据自身情况和用人单位需求,创造性地设计应聘方案,而不能将就业作为家长或是学校的任务。如果个人缺乏主见,人云亦云,盲目择业,不仅很难碰到满意的工作,即使侥幸就业,也很难做出骄人的业绩,随时可能会被企业淘汰。特别是对于独生子女而言,生活条件一般都比较优越,更应该主动地克服自身缺陷,摆脱依赖父母的思想,努力成为生活和工作的主人。

3. 面向基层、吃苦耐劳

高职院校主要培养面向生产、建设、服务和管理一线的高端技能型人才,与普通高等学校有着明显的区别。尽管企业的技术水平越来越高,生产环境越来越好,但由于经济发展的不平衡性,仍有一些地方、一些企业工作环境比较艰苦,让一些毕业生感到不能适应。因此,高职学生在校期间就应该磨炼自己的意志,树立远大志向,能够适应各种环境下的工作,并通过创造性的劳动使工作条件逐步得到改变。在艰苦条件下磨炼出来的人才,往往能够成就一番大事业。

4. 勇于竞争、不怕挫折

近几年,每年都有几百万本专科毕业生集中就业,竞争非常激烈。高职毕业生刚毕业时可能会有一些不切实际的想法,对未来的工作设计得较为理想,但到应聘时才发现,人才市场高手如林,自己的竞争力可能并不具有优势。但是,竞争是市场的法则,有竞争才能体现公平,做到优胜劣汰,高职学生必须适应竞争的环境,把外在的竞争压力转变为内在的学习动力。面对竞争还要有良好的心态,把竞争看成是锻炼自己、提高自己的"最后一课"。要学会调整目标,不断争取新的机会。只有这样,才能摆脱求稳、求大思想的影响,不再把政府机关、事业单位、国有大企业当做求职的去向,才敢于下海搏击风浪。

5. 自主创业、终身学习

由于种种原因,有的毕业生一下子难以找到合适的工作单位,需要自谋职业。这些毕业生可以加入个体工商户和农村专业户、科技示范户的行列,利用所学专业技术知识创一番事业;也可以独立或联合起来从事建筑业、修理业、饮食业、服务业、交通运输业和娱乐业等。可以在本地创业,也可以到他乡创业。"条条道路通罗马。"根据近几年毕业生成功的例子看,利用自身特长,从事个体工商户、个体经营未尝不是一条走向成功的道路。

五、择业原则

选择一份适合于自己的职业,不仅有利于劳动者工作的积极性,实观生产资料和劳动力的优化组合,还可以促进劳动者的全面发展,有利于培养劳动者奋发进取的人生观。要选择一份合适的职业,就要正确把握择业的基本原则。

1. 适应需求、发展个性的原则

科学择业需要将职业兴趣与职业需要协调起来。在进行职业选择时,必须考虑社会职业岗位的需要。把社会需要看成是择业的主要依据,而不能仅仅考虑自己的主观意愿。社会需求的多样性决定了满足需求的职业的多样性,人们通过职业活动可以同时满足社会需求和个人愿望。因此,在职业选择时要注意处理好社会需要与个人需要的关系,正确地处理好个人、集体、国家三者之间的利益关系,把个人利益与社会需要协调、统一起来,主动地服从社会需要,把个人的职业理想自觉地统一到国家和社会的需要中去。

就人才需求来看,不少企业正在转变发展方式,优化产品结构,对生产操作人员的需要量越来越小,而对设计人员和营销人员的需求量越来越大。高职学生要想成为合格的设计人员,需要积极深造或者在工作中不断学习,但只要在校期间有所准备,完全可以胜任营销工作。从用人单位来性来看,目前民营企业发展迅速,对毕业生有较旺盛的需求。毕业生应该转变观念,将民营企业作为就业的主要渠道。

目前企业普遍急需生产第一线的管理人员,这也正是高职高专院校的培养方向之一。但是,从事现场管理工作必须熟悉每个岗位工作的性质,要求毕业生从最基础的工作做起,埋头苦干,吃苦耐劳,在实践中不断提高自己、发展自己。

2. 扬长避短、发挥优势的原则

"寸有所长,尺有所短。"即便是同一专业、同一班级的毕业生,每个人的特点也会有所不同。在择业时,最重要的是正确认识自身的特长与不足,坚信"天生我才必有用",不攀比、不盲从,细心地找到自己应有的位置。

从人的一生来看,能否从事满意的职业,关系到人生目标的实现和幸福感。因此,择业是人生的一道重要门槛。尽管在市场经济条件下人才是不断流动的,但是,应该看到在职业岗位转换的过程中,需要付出较大的代价,有些损失是不可挽回的,在择业时应该持一种谨慎态度。特别是在人才市场为"需方市场"的情况下,用人单位对应聘人员会提出严格条件,这对人才流动也是一种限制。如果一个人终生都没有找到满意、适合的职业,就很难取得较高的职业成就。

3. 大处着眼、小处着手的原则

正确择业一定要从大处着眼,小处着手。在本专业就业形势良好的条件下,努力做到好中选优,不轻率地签订就业协议,以免错失良机;在就业形势不利的情况下,可以暂时退后一步,韬光养晦,等待时机,但也不是随意找个就业单位,而是尽可能地找到与职业理想相近的职业岗位,为将来的职业岗位转换奠定基础,通俗地讲,就是要"骑鹿找马",而不是"骑牛找马"。因此,要对自己和社会有一个正确的认识和分析,对就业单位、岗位的挑选要恰当有度,灵活地调整就业期望值。当然,做出最佳的职业选择需要丰富的经验,这正是毕业生所缺乏的。所以,在择业过程中,毕业生应该主动寻求职业指导教师的帮助,并认真听取家长和亲友的意见,对于同学和往届毕业生的经验则应采取谨慎对待的态度。

4. 面对实际、主动选择的原则

主动性原则是指择业者克服消极等待心理,积极主动地创造就业条件,参与就业竞争,捕捉就业机会,必要时自主创业,自己创造条件为社会作出贡献。

人才市场变幻莫测,瞬息万变。如果毕业生缺乏务实、主动的态度,很容易盲目乐观,抱着"皇帝女儿不愁嫁"的心态,或者消极等待,产生"等、靠、要"的心理。因此,在做就业规划师,应该增强危机意识,向最好的目标努力,做接受最坏结果的打算。

在择业的过程中,根据用人单位对毕业生的不同要求,发现自身存在的不足,针对自己的差距,抓紧时间调整和完善自己。在确定就业单位以后,可以按未来单位对自己的要求,分析自己的薄弱环节,利用学校的有利条件,有的放矢地进强化训练,尽早、尽快地适应新的工作岗位。

人们在选择职业时往往受到很多因素的影响,其中有客观的因素,也有主观的因素;有合理的因素,也有不合理的因素。因此,必须分析哪些是主要因素,哪些是次要因素;哪些是客观因素,哪些是主观因素。分清主次,抓住主要的、现实的、合理的因素。如果在选择职业时死抱着一些次要的条件不放,将会丧失很多就业机会,甚至无法就业。

六、职业决策

职业决策是择业者根据自身条件,按照择业原则,在职业调查的基础上,具体制定职业选择的方案,指导就业行为,帮助择业者实现职业目标和期望的过程。它需要综合考虑多方面因素,最终做出求职决定,对个人今后职业发展具有重大影响。

(一)职业决策的原则

1. 行业选择

行业选择是确定个人未来职业发展的方向。由于现代社会职业发展的相互融合和交叉,个人所学专业和职业之间并非一一对应关系。因此,在选择行业时,不要拘泥于狭小的职业范围,要突破传统的就业去向,开阔视野,发散思维,在发挥个人专长的基础上,将个人兴趣、社会需求、发展前景等方面因素综合考虑,确定未来要从事的行业。

2. 单位选择

单位选择是确定个人职业发展的具体组织和机构,是对职业发展方向的落实。

任何一个行业都有许许多多的具体机构。到底选择什么样的就业单位,一般要考虑几个方面因素:单位文化与社会背景,单位的公众形象,管理制度和领导作风,工作氛围和人际关系,培训和发展机会,企业实力,福利待遇状况等。

3. 地域选择

地域选择是确定个人职业发展的地理环境,也就是选择什么地方作为职业发展的起点。

选择就业地点一般要从这样几个方面来考虑:政治经济和文化生态状况、人际关系状况、人才政策和所能够提供的各种资源和机会等。

(二)职业决策的过程

职业决策的过程是动态的和反复的,要经过不断调整,最后达到科学、合理决策的目标。

职业决策一般分为四个阶段:

1. 确定目标

这是决策的开端,对决策的正确与否起到决定性的作用。确定目标可以从三方面着手:

首先,要了解职业的要求,认清职业对知识、能力、技术以及体力等方面具有什么样的要求,了解自己是否具备从事这个职业的条件。

其次,要清楚认识自己的职业意向。职业意向是人们对职业的认识、评价以及对职业所持的倾向性。它并不是人们进入或即将进入劳动岗位时突然出现的,而是经历了一个由幻想到现实、由远及近、由摇摆不定到相对稳定的发展过程。判断自己的职业意向必考虑兴趣的浓度、知识的深度、能力的强度。职业意向一旦形成便影响甚至决定了择业动机,它会使择业者逐步趋向从事的职业。

第三,了解自我。认识自我是确定职业目标的重要前提。要认识个体的我、社会的我、理想的我和现实的我,准确评价自己的长处与短处,形成恰当的自我期望,使之与目标一致。

2. 掌握信息

信息是决策的基础和依据。可靠、全面、及时的信息可能使我们做出正确的决策。缺少信息支撑的决策,是可怕的决策,正所谓"心中无数点子多,头脑糊涂决心大。"

3. 方案分析

决策分析是针对决策目标,在收集、整理信息的基础上,对择业方案进行科学的分析和研究。在分析的过程中,首先要确定对自己最重要的或者最优先考虑的价值标准。然后对各种可能方案进行可行性评价,预测其可能导致的结果,比较成功的机会和失败的风险。最后根据可能的结果与自己目标之间的相符程度,形成具体的选择倾向,作为实施的基础。

4. 实施决策方案

在对决策分析的结果进行进一步评价和完善以后,对决策分析的最终方案进行实施。决策实施的主要目的就是将决策方案变成现实,使当初确定的目标得以实现。

(三) 职业决策需要注意的问题

拥有一份称心如意的职业是人人向往的,但是在就业竞争越来越激烈的今天,谋求职业并非十分容易的事。为了使求职活动少走弯路,每一个求职者在选择职业时,应注意以下几个问题:

1. 认真处理好人际关系

职业选择中的人际关系是客观存在的。处理好各个方面的人际关系,对于获得理想的职业是十分必要的。因此,择业者应当具有一种"公关意识"。择业中主要有三方面的人际关系:求职者与招聘者之间的人际关系;求职者与求职者之间的人际关系;求职者与劳动部门之间的人际关系。

从一定意义讲,择业过程实际上就是一个社会交流过程。那么,怎样才能处理好择业过程中的人际关系呢?

首先,要有积极的社交意识,克服自卑、羞怯的心理,树立成功交往的信心。

其次,要提高交际能力。交际能力的提高需要有一个过程,因此我们在平常的学习、生活中,就要注意加强锻炼,处理好与同学、师长、亲属的人际关系。

第三,在交际过程中,要处处表现出礼貌、诚实、守信的素养,要用自己的言谈举止来树立良好的形象,要尊重竞争对手,决不能以贬低、压制对方来抬高自己。

第四,在与用人单位招聘人员的交往中,要充分表现出自己对所竞争职业的信心和诚意。

2. 多方听取他人意见

多方听取他人意见,也是提高择业有效性的重要手段。由于年轻或经验不足,青年学生的世界观、择业观还不够成熟,这就需要广泛听取他人的意见,为自己在择业时充当参谋。"当局者迷,旁观者清",师长、亲友往往更了解适合于我们的职业。善于听取他们的意见,可以帮助我们正确择业,避免择业的片面性、盲目性。在了解自身的职业素质,掌握大量的职业信息之后,在择业的最后关头仍可能遇到不少问题,对可供选择的若干方案犹豫不决。此时,就需要请教职业指导专家,进行职业咨询，以便做出正确的职业选择。

相关链接

"新世纪择业三类法则"

1. 心态法则

德雷科·鲍克说：每一位求职者都希望能找到一个能发挥自己特长、待遇又高的工作。然而在实际择业过程中，这样两全其美的好事确实很难如愿。这其中的原因固然很多，但有一个很重要的原因就是：求职者能否客观看待择业。

小毛驴的犹豫——许多人在选择职业、成就事业时，都会存在"小毛驴的犹豫"：一头小毛驴在干枯的草原上好不容易找到了两堆草，但是一再迟疑，不知道哪一堆更好，结果活活饿死了。这就告诫我们，人的期望值不可太高，绝不可以左顾右盼而坐失良机。

做梦娶美人——志大才疏，眼高手低，大事做不来，小事不肯做。这种人想干好工作、成就事业，只能是做梦娶美人——尽想好事。

总想拣个大西瓜——求职者往往在择业时挑肥拣瘦，到头来却是两手空空，一事无成。因此，求职者在择业前，应把自己的专业特长与用人单位的需求实际结合起来，对照、衡量后再去择业。

2. 择业法则

看重工作前景胜于薪水——个人的发展和前途是择业者关注的焦点。选择工作时，薪水不再是择业的首要要素。

先就业后择业——对于被有工作经验的择业者来说，找到一份理想的工作有一定难度，只能在工作中积累经验。

自己当老板——给别人打工，一些创意可能就不会实现。

在工作中学习——在体制完备的企业，可以获得职业化学习的机会。

3. 行为法则

"大格局"思考——运用你最强的欲望、可靠的精力，改变你人生的方向。

要有自己创业的心理准备——如果你理想的职业无法找到，那就看看自己是否愿意创业。这有一个好处，能搞清自己想干什么。

学习评价与反馈

任务	存在的问题	改进措施

收获与感悟：

指导教师评语：

教师签名：

课外实践活动

　　在辅导员或班干部的主持下，由一名同学利用 PPT 介绍自己的职业决策过程，其他同学依次向介绍者提问，并提出建议。最后，由主持人对该同学的决策给出评价结论。

第4章　撰写职业生涯规划书

学习目标

(1) 认知目标：了解职业生涯规划目标的基本含义、目标的构成；制定职业生涯规划目标应遵循的依据和原则；职业生涯规划目标设定的步骤。

(2) 技能目标：具备选择职业生涯规划路线的能力；培养职业生涯规划目标的分解和组合的能力；使学生掌握职业规划的步骤和内容，能够独立完成自己的职业生涯规划设计书。

(3) 态度目标：理解和认识职业生涯规划目标的重要意义；制定职业生涯规划目标要立足现实，使个人目标与组织目标相一致；树立终生学习的理念，营造和谐人际关系，抓住机遇，锲而不舍，努力实现职业生涯规划目标。

任务4.1　职业生涯目标与路径的确立

案例导入

走 出 沙 漠

在非洲撒哈拉沙漠中有一个叫比塞尔的村庄，它靠在一块 15 平方公里的绿洲旁，从这里走出沙漠一般需要三天三夜的时间。可是在肯·莱文 1926 年发现它之前，这儿的人没有一个走出过大沙漠。为什么世世代代的比塞尔人始终走不出那片沙漠？原来比塞尔人一直不认识北斗星，在茫茫大漠中，没有方向的他们只能凭感觉向前走。然而，在一望无际的沙漠中，一个人若是没有固定方向的指引，他会走出许许多多大小不一的圆圈,最终回到他起步的地方。但是自从肯·莱文发现这个村庄之后,他便把识别北斗星的方法教给了当地的居民,比塞尔人也相继走出了他们世代相守的沙漠。如今的比塞尔已经成了一个旅游胜地,每一个到达比塞尔的人都会发现一座纪念碑,碑上刻着一行醒目大字:新生活是从选定方向开始的。

【评议】一个人要想成就一番事业,就应该有一个明确的奋斗方向。沙漠中没有方向的人只能徒劳地转着一个又一个圈子,生活中没有目标的人只能无聊地重复着自己平庸的生活。对现在正处于人生上升时期的高职院校学生来说,新生活是从确定目标开始的。明确而适合的目标,是一个人职业生涯的灯塔,将引你走向成功。如果你不知道自己的目标在哪里,又如何为自己铺设一条通往理想生涯目标的路呢?

任务要求

先写下自己的生涯愿景,这里不只包含你的职业生涯,还有你的人生。

我的生涯愿景	
●核心意识	
核心价值	
核心目的	
●所预见的未来	
具体明确的目标	
生动的描述	

你梦想这一生能完成的十件大事：

1. _____
2. _____
3. _____
4. _____
5. _____
6. _____
7. _____
8. _____
9. _____
10. _____

写下这些，你的人生目标似乎在这一刻清晰起来，想干什么也就找到了明确的答案；能干什么？于是你又会想到自己的兴趣和能力——蓝图逐渐明朗。

相关知识

一、职业生涯规划目标基本含义

职场就像是我们每个人职业生涯的撒哈拉大沙漠，每个人的职业生涯就像要走出这撒哈拉大沙漠一样，在亲身经历之前一切都是未知的，成功注定是在大沙漠的另一边。目标就是力量，奋斗才会成功。古今中外凡在智能上有所发展、事业上有所成就的人，无不有着明确而坚定的目标。职业生涯规划，首先从选定方向、确定目标开始。

命运的改变、财富的积累、事业的成功不是一朝一夕的，不是一蹴而就的，不是在一夜之间完成的。如果你经常设想 5 年以后、10 年以后你要做什么，想象一下你的未来是什么样子，然后确定一个目标，在这 5 年或 10 年中紧紧地围绕这个目标去做你应该做的事情，那么，你的未来一定不是梦。

（一）何谓职业生涯规划目标

职业生涯规划目标是指人生目标或长远目标，指个人在选定的职业领域内，在未来时点上所要达到的具体目标，也是职业生涯过程中所追求的最高职业目标的体现，是指引人行动的方向，是一生美好愿景的展望，是为了实现某个目标要去做事的人生规划。只要人们在学习、工作、生活中时刻记住这个目标，其行动就不会迷失方向，始终沿着正确的方向前进，并逐步地实现各种小目标，最终达到理想的彼岸。设定职业生涯规划目标是职业生涯设计和管理的重要一环,同学们要根据时代的要求和自己的实际,确定职业生涯规划目标,并持之以恒,逐步实现目标。

（二）职业生涯规划目标的构成

职业生涯规划目标包括长期目标、中期目标和短期目标。一般情况下,首先要根据个人的价值观、性格、兴趣、特长、气质和专业以及客观条件来确定自己的长期目标,然后再细致分化长期目标,并根据个人的经历和所处的环境制订相应的中期目标和短期目标。对于每个人而言,职业生涯都要经过几个阶段,在每个阶段中个人都需要依据职业生涯周期的变化来调整个人的规划目标。个人的职业生涯周期可以大致分为四个阶段,即探索阶段、确立阶段、维持阶段和下降阶段。

（1）探索阶段（15～24 岁）。

（2）确立阶段（25～44 岁）这一阶段是大多数人工作周期中的核心部分,包括三个子阶段:尝试子阶段（25～30 岁）、稳定子阶段（31～40 岁）、职业中期危机阶段（在 30 多岁和 40 多岁之间的某个时段上）。

（3）维持阶段（45～65 岁）。

（4）下降阶段（66 岁以上,当退休临近的时候）。

处在不同职业生涯阶段的人,应考虑不同的事情。例如,在探索阶段,可以多做些尝试、探索,在工作中摸索出本人的职业性向、职业兴趣等,逐步找到最适合自己的职业。而 40 岁以上的人,就不宜做过多的尝试,而是应该认真分析清楚本人的职业锚、职业性向,选择本人有优势的职业做长远的打算。但是每个人都会有自己的特点,其职业生涯周期也并非相同。因此,选择适合自身条件和客观环境的中期和短期目标对职业生涯规划将起重要作用。

在制定职业生涯规划目标的时候,大学生要做到立足现实,不能盲目空想。职业生涯规划目标的制订要合理,要保证目标适中,且具备必要的弹性,不可过高或过低,同时应将长期目标和中、短期目标结合起来,通过不断实现短期目标和中期目标而最终实现长期目标和人生目标。

（三）确定职业生涯规划目标的重要意义

确定职业生涯规划目标是职业生涯规划的核心内容。明确目标,对个人而言不是简单地做个策划或方案,在人一生中用时最长、对自己影响最大的旅程莫过于我们的职业生涯之旅,时间跨度大约 40 年左右,确定科学合理的职业生涯目标意义重大,影响深远。第一,制定职业生涯规划目标是个人职业生涯有序成长的基础,它能够帮助我们控制变化而不是为变化所控制;第二,它可以发掘自我潜能,减少外界干扰,激发动力,增强实力,刺激个人高水平的努力;第三,它可以给高水平的努力固定方向,减少盲目性,提高学习、生活与工作效率,提升成功的机会;第四,它可以提高朝向目标努力的坚持性,提高应对竞争的能力,减少焦虑与情绪波动;第五,它可以使我们学会如何运用科学的方法,采取可行的步骤措施,增强责任意识,有助于形成实现目标的战略构想;第六,目标可以衡量行为结果的有效性,向个体提供积极的反馈。有关调查结果显示,在多数情况下,职业生涯规划目标的设定对个体的职业生涯成功是很有帮助的。前期正确的目标是后期职业生涯成功的前提。

（四）制定职业生涯目标依据

职业生涯规划目标的抉择是以自己的最佳才能、最优性格、最大兴趣、最有利的环境等条件为依据的。离开了自身优势、社会的需求制定的目标是很难实现的。

职业生涯规划目标的设定应从一生的发展开始,明确职业生涯规划的总目标,然后分别订出10年计划,5年计划,3年计划,1年计划,以及订出1月、1周、1日的计划。计划订好之后,再从1日、1周、1月计划实行下去,直至实现1年的目标、3年的目标、5年目标、10年的目标。具体步骤如下:

（1）定出未来的规划目标。今生今世,你想干什么? 想成为什么样的人? 想取得什么成就? 想成为哪一专业的佼佼者? 把这些问题确定之后,你的规划目标也就确定了。

（2）订出今后10年的计划。20年计划太长,10年正合适,而且10年工夫足够成就一件大事。今后10年,你希望自己成为什么样子? 有什么样的事业? 将有多少收入? 计划进行哪些家庭固定资产投资? 要过上什么样的生活? 你的家庭与健康水平如何? 把它们仔细地想清楚,一条一条地计划好,记录下来。

（3）订出5年计划。订出5年计划的目的,是将10年大计分阶段实施,并将计划进一步具体化、详细化,将目标进一步分解。

（4）订出3年计划。俗话说,5年计划看头3年。因此,3年计划比5年计划要更具体、更详细。因为计划是我们的行动准则。

（5）订出明年计划。订出明年的计划,以及实现计划的步骤、方法与时间表。务必具体、切实可行。如果从现在开始制定目标,则应单独订出今年的计划。

（6）订出下月计划。下月计划应包括下月计划做的工作,应完成的任务、质和量方面的要求,财务上的收支,计划学习的新知识和有关信息,计划结识的新朋友等。

（7）订出下周计划。计划的内容与上述内容相同。重点在于必须具体、详细、数字化,切实可行。而且每周末提前制订好下周的计划。

（8）明日计划。选择最重要的 3～5 件事，按事情轻重缓急，按先后顺序排好队，然后按计划去做。如此一来，能够避免"捡了芝麻，丢了西瓜"。

（五）制定职业生涯规划目标应遵循的三个原则

1. SMART 原则

S—Specific：要用具体、明确的语言清楚地说明要达成的行为标准，不能含混不清，同时要注意使用正面语言。

M—Measurable：可以量化的，能度量的，目标可衡量才能计算达成度。

A—Achieveable：目标可达成，订立目标不要贪多，太多目标等于没有目标。

C—Challenging：目标必须有一定挑战性。而如果缺乏挑战性，不仅对达成理想无益，也会让目标缺乏足够的吸引力。

R—Rewardling：目标需有一定意义，让人感觉目标一旦达成，付出的辛苦是值得的，所得的收获让人感到内心满足和愉悦。

T—Time—bounded：有明确时间限制的。

2. A＋B（积极平衡）原则

Active（积极的）：不仅目标内容要正面积极，而且表达目标的方式也要积极。如"我不要整天无所事事"就是否定的表达方式。不可取！

Blanance（平衡的）：需要考虑职业目标与生活目标方面的平衡。

3. 先理智后情感原则

人的大多数决定过程是先情感决定，后理智证实。对于职业目标应该反其道而行之，先充分考虑可能的选择，然后用自己的感觉去评估决定。

（六）制定职业生涯规划目标的主客观条件分析

在职业生涯规划中进行个人发展方向的决策，确定其目标，要根据本人实际和发展需要、经济社会实际和发展需要来制订。脱离自身条件的目标是没有激励价值的目标。自身条件是确定目标的重要依据。也就是说，要认真分析自己的个性特点及其变化趋势、本人生理和家庭条件及其变化趋势、个人就业价值取向、行业和职业及其变化趋势、就业环境及其变化趋势，继而对自己有一个比较准确的综合判断。在进行自我剖析的时候，既要立足于现实，看清"现在的我"，更要着眼于发展，看到"将来的我"。职业生涯规划，就在于立足现实、展望未来、明确目标、制订计划、措施到位地不断提升自身素质，并在提升自己的同时，使自己的职业生涯朝着预定的目标发展，使自己的职业生涯能够成功。

实事求是、切实可行是职业生涯规划应该遵循的原则。个人职业生涯规划没有一套固定的模式，只能由我们根据自己的实际情况细加斟酌。但不能无视社会、职业环境和他人的影响。否则只一味闭门造车,那么全部规划只能流于空想。一份有效的职业生涯规划必须是在对主客观审时度势的基础上,广泛听取亲朋好友以及职业顾问的意见之后,才制订出来的。

客观准确地自我认识、自我评价是职业生涯规划的前提。首先,确立职业生涯规划目标时,一定要使目标同自己的能力、个人特质及工作适应性相符合。其次,确定职业生涯规划目标,还一定要考虑到客观环境条件。

从业者在设计自己的规划时,要与企业(组织)及社会的利益协调一致。个人职业生涯规划目标是借助于企业(组织)实现的,人是在一定的企业环境与社会环境中发挥才干的,个人的发展离不开企业(组织),他必须按照社会的需求,认可企业(组织)的目标和价值观念,并把他的价值观念、知识、技能、智慧和努力集中于企业(组织)的需要上。没有个人、企业(组织)、社会三者利益的结合,就不会有真正意义上的职业生涯的成功。所以,职业生涯规划目标的选择要有可行性,一定要在三者之间找到结合点。

缺乏实践经验的在校学生,不同于已参加工作多年的从业者。大学生在进行职业生涯规划时,要"先分析发展条件,后确立发展目标",这是为了避免缺乏社会经验的在校生定出一个脱离实际、想当然的规划目标,导致整个规划成为毫无意义的幻想。

此外,"先分析发展条件,后确立规划目标",还能拓宽设计者的视野,使之更好地发现自我,更深入地了解社会,更多地接触实际,更及时地把握机会。反之,设计者只围绕着预定目标分析自己、分析外部环境,以致对自己、对社会的了解面过窄,这样既不利于挖掘潜能、发现自己的长处,也不利于在了解社会的过程中捕捉自我发展的灵感。

一旦确立了符合发展条件的规划目标,围绕规划目标的实现来构建发展台阶、制订发展措施的思路就十分清晰了。只要找到适合自己的道路,就不怕路远。在进行职业生涯规划时,虽然必须十分认真地对待构建规划台阶、制订规划措施这两个环节,但只要有了明晰的规划目标,这两个环节的难点就会迎刃而解,我们也就能很轻松地为人生点亮明灯,帮助自己赢在人生的起跑线上。

二、职业生涯规划目标的确定

对自身清醒的认识和科学的定位,是"知己",对社会职业环境进行仔细分析和了解,是"知彼"。在"知己"和"知彼"的前提下,确定自己的目标就是职业生涯规划中最重要的事情。"灵魂若找不到确定的目标,就会迷失"。明确而适合的目标,是一个人职业生涯的灯塔,将指引你走向成功。成功与不成功的唯一差别就在于,成功的人可以无数次修改方法,但绝不轻易放弃目标。与之相反,不成功的人总是修改目标,就是不改方法。那么如何确定职业生涯发展目标?

(一)确定职业生涯规划目标的总体要求

俗话说:"三百六十行,行行出状元。"成功的关键不是看你选择了什么职业,而是有没有设立清晰明确的目标。

1. 发现愿望,坚定信念

在自我分析的基础上,冷静思考一下,想象自己这一生最想得到的某些东西是什么。这些东西是自己最想得到的,而不是因为你感到其他人想让你得到。必须坚定地相信自己有足够的能力达到预期目标。

2. 记录目标,明确利益

不作记录的目标很难落实,仅仅是愿望或者空想。想象目标达成后为自己带来的喜悦、成就、收获和满足,这些利益必须有鼓舞性、激励性,必须能给予自己足够的精神支持和动力源泉。

3. 找到抓手,设定期限

对自己认识得越清楚,就越容易发现从什么地方入手可以去实现自己的目标,去实现自己的愿望。明确目标达成的最后时间。一般而言,有切合实际的目标、详细的计划和不懈的坚持,80%的目标都会实现。

4. 理清障碍,信息整理

扫除实现目标的障碍,包括内部的、外部的、本身的或者是环境造成的。根据实现目标的需要,按优先次序区分所需的信息、技能、能力、经验,以决定如何去实现。

5. 寻求帮助,制定计划

明确可以从哪里得到帮助,现代人的成功绝不是单打独斗的结果,都需要团队的合作和他人的帮助,因此,要成功地完成某事,需要很多人的协同努力。要达成目标,必须根据时间的优先次序写下活动计划,这些计划可以是初步的、轮廓性的,不求计划的完美,但求计划的可行。

6. 预见成功,坚持不懈

当达成一个目标或阶段性目标时要庆祝一下,并留下一个清晰的记忆,反复回忆达成目标时的喜悦和对未来充满信心。切记在实现目标的过程中,会遇到各种困难和阻力,千万不要放弃,成功的前提是要经得起失败的打击。

(二)职业生涯规划路线的选择

职业生涯规划路线是指一个人选定职业后选择从什么途径去实现自己的职业

发展目标,是向专业技术方向发展,还是向行政管理方向发展,还是自主创业等。不同的路线对从业者的素质要求不同,也影响到今后的发展阶梯不同。发展方向不同,要求也不同。这就如登山,要达到山顶的目标,就要选择最佳的登山路线与方式。人们也常说"条条道路通罗马",讲的是道路多、选择多、办法多的道理。可是那么多道路到底哪条是通向罗马最近最好走的路呢? 这就是实现目标中的路线选择问题,选择了捷径好路,就易于进入职业生涯的快车道,否则,就会耽搁在路上。而且没有一个职业生涯的路线蓝图,就会走错路,走弯路、走回头路,这将直接影响心情和成就,从而导致我们的努力、动力、能力不能直接作用于目标,进而产生资源、时间、精力的浪费,在无形中延长了成功的期限。因此,在职业生涯规划目标确定之后,必须对职业生涯规划路线进行选择,以使今后的学习、生活、工作和执著沿着职业生涯规划路线向预定的方向发展。

因此在抉择过程中,要反复问自己这样三个问题:

(1) 我想干什么? 即我想往哪一路线发展?

(2) 我会干什么? 即我可以往哪一路线发展?

(3) 我能干成什么? 即我适合往哪一路线发展?

每个人的自身条件、基础素质、兴趣爱好都有差异,适合的职业生涯规划路线也就不同。一般地讲,有四种职业规划路线可供选择,即专业技术型路线、行政管理型路线、综合型路线、创业型路线。

1. 专业技术型路线

专业技术型发展路线是指工程、财会、销售、生产、法律等职能性专业方向。共同特点是:都要求有一定的专门技术性知识与能力并需要有较好的分析能力,这些技能必须经过长期的培训与锻炼才能具备。如果你对专业技术内容及其活动本身感兴趣,并追求这方面提高和成就,喜欢独立思考,而不喜欢从事管理活动,专业技术型发展道路是你最好的选择。相应的发展阶梯是技术职称的晋升及技术性成就的认可、奖励等级的提高及物质待遇的改善。

2. 行政管理型路线

如果你很喜欢与人打交道,处理人际关系问题得心应手,并且由衷地热爱管理,考虑问题比较理智,善于从宏观角度考虑问题,并善于影响、控制他人,追求权力,行政管理型发展道路就是你最恰当的选择。把管理这个职业本身视为自己的目标。相应的发展阶梯一般是从基层职能部门开始,然后向中级部门、高级部门,逐步提升,管理的权限越来越大,承担的责任越来越大。

3. 综合型路线

如果开始时选择了专业技术方向,但仍然对管理有兴趣,并且希望在管理领域做出一番事业，也完全可以跨越发展。即一开始从事某种技术性专业，不断积累充实自己的专业知识，奠定坚实的技术基础。然后，在适当的时候，转向专业技术部门的管理职位。事实上，现代社会中的很多地方都有这样的客观要求。

4. 创业型路线

创业的路线是对选择者综合要求非常高的一条道路，一条鲜花和荆棘交织的道路。创业自有快乐，但创业途中的艰难也不是常人能够想象的。客观上，要有良好的机会和适宜的土壤；主观上，不仅要求创业者具有强烈的创造与成就愿望，而且心理素质要求高，能够承担风险，善于发现开拓新领域、新产品、新思维。

这里要强调的是，不管你选择哪种职业生涯路线，最重要的是一定要结合实际，综合考虑自己的个性、价值观、兴趣、能力等自身条件和社会与组织环境，反复权衡再予以确定。

（三）目标的分解

有了长远的目标只是职业生涯规划的第一步，职业生涯规划的实现是由一系列的阶段来完成的。于是就要学会目标分解，将自己的目标清晰化、具体化。从概念上来说，就是要根据观念、知识、能力差距，将职业生涯规划的远大目标分解为有时间规定的长、中、短期分目标，直至将目标分解为某确定日期可以采取的具体步骤。

目标分解是将目标量化成可操作的实施方案的有效手段，目标分解帮助我们在现实环境和美好愿望之间建立起可以拾阶而上的通道，一直细分到今天干什么、明天干什么——登天的阶梯规划图。可以采用按照时间分解和按照性质分解这两种途径来分解目标。

1. 按照时间分解

按照时间将目标可分成长期目标、中期目标和短期目标。

长期目标一般为5～10年内的目标，个人会对此始终如一坚持不懈。它通常不是很具体，可能随着形式的变化而变化。主要特征：符合自己的价值观和信念，既有可能实现又具有挑战性；目标和社会发展需求相结合；实现时间可以有明确规定，也可根据现实条件灵活变动。

中期目标一般为3～5年内的目标，它相对于长期目标要具体一些，并且服务于长期目标。主要特征：与长期目标保持一致；对目标实现的可能性做出评估；基本符合自己的价值规，个人对此充满信心等。

短期目标一般为1～2年内的目标，是长期目标和中期目标的进一步具体化、现实化和可操作化，是最清楚的目标。短期目标又分为年目标、月目标、周目标、日目标。主要特征:可操作性强;服从于中期目标;明确规定具体的完成时间;对实现目标有把握等。

一般来说,短期目标服从于中期目标,中期目标服从于长期目标。具体的实施通常是从短期的、具体的目标开始的。

2. 按照性质分解

职业生涯规划目标按照性质分解为外职业生涯规划目标和内职业生涯规划目标。其中,外职业生涯规划目标侧重于职业生涯过程的外在标记,如职务目标、工作环境目标、经济目标等。例如,我要在 10 年之内成为某国内 500 强企业的人力资源经理;8 年之内要赚够 80 万元等。内职业生涯规划目标侧重于在职业生涯过程中的知识、经验的积累,观念、能力的提高和内在、心灵的感受,这些因素是要通过自己的努力来获得和掌握的。通常,内职业生涯规划目标的发展带动外职业生涯规划目标发展,外职业生涯规划目标的实现可以促进内职业生涯规划目标的达成。

一个人在分解自己的职业生涯规划目标时,外职业生涯规划目标与内职业生涯规划目标应该是并进的,并且应该将内职业生涯规划目标作为重点考虑的内容,目标分解,要兼顾内外职业生涯规划目标,长、中、短期目标要在两个维度的交叉并用。

(四)目标的组合

目标组合是处理不同目标之间相互关系的有效措施。如果只看到目标之间的排斥性,就只能在不同目标之间作出排他性选择,而如果能看到目标之间的因果关系与互补性,就能够积极地进行不同目标的组合。

1. 时间组合

职业生涯规划目标在时间上的组合可以分为并进和连续两种情况。

(1)并进。职业生涯规划目标的并进,是指同时着手实现两个平行的目标,或者建立和实现与目前工作内容不相关的职业生涯规划目标。

有时候,外部环境给予你的机会很多,这让你面临多个选择,只要处理得好,又有足够的精力和能力来应付,在一定的范围内,是可以做到"鱼与熊掌兼得"的。这里所说的"同时着手实现两个平行的工作目标",指的是在同一期间内进行的不同性质的工作。如上级管理人员兼任技术业务项目负责人;或中、高级管理人员"双肩挑"的情况,就可以称作目标的并进。

而"建立和实现与目前工作内容不相关的职业生涯目标"多发生在中青年人身上,意在居安思危、未雨绸缪。例如,为了获得更大的发展空间,在做好本职工作的同时,进修自己感兴趣的其他课程等,这样有利于开发你的潜能,在相同的时间内迎接更大的挑战,发挥更大的价值。

(2) 连续。连续是用时间坐标为节点,将多个目标前后连接起来,实现一个目标后再进行下一个。一般来说,短期目标是实现长期目标的前提条件,目标的期限性也是相对的:随着时间的推移,长期目标成为中期目标,中期目标成为短期目标,短期目标成为近期目标。只有一步步完成好每一个小的近期目标,最终的长远目标才可能实现。

2. 功能组合

很多职业生涯规划目标在功能上存在因果关系或互补关系。

(1) 因果关系。有些目标之间存在着明显的因果关系,比如工作能力目标与职务目标及收入目标之间就是因果关系,即只有工作能力提高,才可能有职务的提升和收入的上涨,表现为:工作能力提高→职务提升→收入增加。

内职业生涯规划是外职业生涯规划的前提,职业生涯规划目标之间这种因果关系的形成也源于内职业生涯规划目标的变化,相应地会产生外职业生涯规划目标的变化。一般因果的排序是:观念更新目标→掌握新知识目标→提高工作能力目标→职务目标→经济目标。

(2) 互补关系。职业生涯规划目标的互补关系是显而易见的,比如高校的教师都肩负教学和科研两项任务。教学为科研提供理论基础和方法的指导,科研的实践又为教学增添了更加丰富的内容,促进教学水平的提高。

3. 全面组合

职业生涯规划目标全面组合是指职业生涯、家庭和个人三者的均衡发展、和谐发展、相互促进。这种组合所描绘的蓝图,便是在事业上是成功人士,在家庭中又是一个合格的儿女、父母,还会是贴心的朋友,生活、事业体现出的是一种和谐。全面组合超越狭隘的职业生涯范畴,将人的全部活动联系协调起来,即事业不是生活的全部,完美的职业生涯规划是要将生活中的所有部分合理而有机地组合。

(五)确立职业生涯规划目标应该注意的事项

在设定职业生涯规划具体目标时,必须进行慎重选择,同时还要平衡兼顾,明确可行,必须要实事求是地估计自己的才能,作出理性的选择。

1. 要立足现实,切忌好高骛远

每个人的职业生涯规划目标都需要一步一步由低到高逐步完成。因此选择目标应当是区分阶段、合乎层次、从易到难、循序渐进。对于起点较低、基础较弱、竞争条件较差的人,不宜把自己的目标定得太高。而较高层次实现起来比较困难的目标,则一定要在坚实的基础上才予以考虑。而有些人总是想鱼和熊掌兼得,设定目标繁杂,但由于时间精力有限,结果顾此失彼,到头来一个目标都达不到。一般来讲,在一个时期,尽量集中精力瞄准一个目标,这才是每一个目标都能够实现的重要保证。

2. 必须考虑时间因素,把近期目标和长远目标结合起来

对于每个个体而言,要根据自身的能力、发展潜力和自身需求及社会发展的趋势,为自己勾画职业生涯的高峰,即职业生涯的长期目标。这个目标集中了个体的"未来预期"、"宏观综合"、"人生追求"等特性,是穷其一生所要追求的最终目标。

而与之相对应的是通往终极目标的一个个台阶,即短期目标。短期目标是阶段性的,有实际价值、有可行性的目标,它与长期目标的方向一致。短期目标要翔实、具体,并有严格的时间要求,明确的短期目标要结合个体的内外职业生涯规划目标,即要综合考虑自身的学习目标、职务目标、经济效益目标、工作能力目标及个人的生活目标等,并且要做到目标间的互相配合、合理组合、共同作用,促进个人的身心、生活和事业的全面发展。

3. 要兼顾财富、婚姻、健康等诸多问题

这些问题都直接影响着人生事业的发展和生活质量。所以在制定职业生涯目标时也应兼顾这些因素。如希望到什么时间,财富收入达到多少;对个人生活有什么预期? 达到什么标准,这些都应结合考虑,统筹兼顾。

4. 注意使个人目标与组织目标相一致

虽然个人目标是自己的目标,但并非所有的目标仅靠一己之力就能够实现,它必须处在一种环境中才能够实现。把自己的目标与组织的目标协调起来,个人的发展也会比较顺利。

在确定职业生涯规划目标时,只有综合考虑上述的诸多因素,才能选中最符合实际、对社会有用、成功可能性较大的正确目标。这样不仅能使自己的目标与社会需要紧密结合,使自己的长处得到发挥,而且也能保证职业生涯规划的顺利和实现。

(六)职业生涯规划目标设定的步骤

职业生涯规划目标的设定一般需要经过6个步骤:

第一步:自我分析,认识自我,找出自己的特点和优势。

第二步:对自己所处的内、外部环境进行分析,确定自己在内外环境中的位置及发展的潜力和机会

第三步:确定人生目标。把目标具体详细地写出来。

第四步:选择自己的生涯路线,决定向哪一方面发展。是从事行政管理工作,还是从事专业技术工作,还是从事其他的工作等。

第五步:对于应届毕业生来说,可根据前面的分析结果选择适当的职业,对于已参加工作的人,可根据前面的分析结果,检讨一下自己目前的职业,必要时可以重新选择。

第六步:制订行动计划。包括详细的 10 年计划、5 年计划、3 年计划、明年计划、下月计划、明日计划。

相关链接

职业生涯发展的技巧(20 则)

(1)在职业生涯发展的道路上,重要的不是你现在所处的位置,而是迈出下一步的方向。

(2)职业生涯开发与管理:只要开始,永远不晚;只要进步,总有空间。

(3)职业生涯的每一次质的飞跃都是以学习新知识、建立新观念为前提条件的。

(4)在职业生涯早期,对自己锻炼最大的工作是最好的工作;在职业生涯中期,挣钱最多的工作是最好的工作;在职业生涯后期,实现人生价值最大的工作是最好的工作。

(5)在职业生涯发展的进程中,什么时候你的工作热情、努力程度不为工资待遇不高、不为上级评价不公而减少,从那时起你就开始为自己打工了。

(6)千万不要把你的主要精力放在帮助你的上级改正缺点错误上,用同样的时间和精力,你能从他身上学到的优点,一定多于能帮他改正的缺点。

(7)确定你的职业锚之日,就是你的职业转变为你的事业之时。

(8)在职业生涯发展的道路上没有空白点;每一种环境、每一项工作都是一种锻炼,每一个困难、每一次失败都是一次机会。

(9)在职业生涯发展的道路上,只要不放弃目标,每一次挫折、每一次失败都是有价值的。

(10)在职业生涯初期,我们可能做的是自己不喜欢而且不想从事一生的工作。要分清:喜欢不喜欢这份工作是一回事,应该不应该做好这份工作、是否有能力做好这份工作是另一回事。切记:职业生涯发展是从做好本职工作开始的。当你还没有能力做好一件工作时,就没有资格说不喜欢。

(11) 成功的人和不成功的人就差一点点:成功的人可以无数次修改方法,但绝不轻易放弃目标;不成功的人总是修改目标,就是不修改方法。

(12) 职业生涯没有目标不行,目标太多不行,目标总变也不行。对目标的处理方法是:选择、

明确、分解、组合,加上时间坐标。目标分解是在现实处境与美好愿望的实现之间建立可拾级而上的阶梯,目标组合是找出不同目标之间互为因果、相互促进的内在联系。

(13) 求知是自我实现的前提,求美是自我实现的过程。

(14) 只有暂时没有找到解决方法的困难,没有解决不了的困难。

(15) 自我实现让人兴奋,天人合一使人平静。

(16) 企业不仅是挣钱谋生的场所,更是学习进步、实现人生价值的舞台。

(17) 内职业生涯发展是外职业生涯发展的前提,内职业生涯带动外职业生涯的发展。

(18) 外职业生涯的因素通常由别人决定、给予,也容易被别人否定、剥夺;内职业生涯的因素主要靠自己探索、获得,并且不随外职业生涯的因素改变而丧失。

(19) 外职业生涯略超前时有动力,超前较多时有压力,超前太大时有毁灭力;内职业生涯略超前时很舒心,超前较多时很烦心,超前太大时要变心。

(20) 正确的角色定位需要理智,及时地角色转换需要智慧。

(刘威(Knewway),EMBA,资深战略规划与品牌营销顾问)

学习评价与反馈

任务	存在的问题	改进措施

收获与感悟：

指导教师评语：

教师签名：

课外实践活动

在辅导员或班干部的主持下,由一名同学利用 PPT 介绍自己的职业决策过程,其他同学依次向介绍者提问,并提出建议。最后,由主持人对该同学的决策给出评价结论。

任务 4.2　职业生涯规划书撰写与修改

案例导入

某学生的职业生涯规划书

1. 大学阶段的奋斗目标

总目标:争取专科毕业同时获得自考学士学位,公费考研——计算机软件领域极有影响力的领导人,创办"凌云软件"集团(终极目标,有绝对实力才能实现)。

2. 目标分析

大一:扩大交际面,增强影响力:自学 C 语言,9 月份能过二级;学会五笔打字,学期结束时打字完全用五笔;学会使用基本办公软件;期末考试英语过 80 分,大一上学期有考四级的机会。

大二:上学期,9 月份考二级;自学计算机三级(数据库);争取过英语四级并为下学期的英语六级做准备;下学期,过英语六级,并开始参加自学考试,选读计算机科学专业。

大三:确定专业发展方向,大量阅读相关专业知识书籍,提高管理能力,进入大公司实习,积累工作经验,为将来就业增加筹码。融合所学知识,对自己的专业某一领域做到能有自己独到的见解:整理收集个人资料,精心写好简历;寻求求职技巧,学习面试方法,让我想进的公司和我说 YES。

工作后:边工作边准备考研,工作兢兢业业,最终从技术岗位走向管理岗位,并成为极有影响力的领导人!

3. 大学发展规划的实施步骤(三年不变的)

（1）周一到周五春夏秋每天六点起床,6：40～7：40读英语(相关考试要记得内容,从中抽一定时间或补充时间,但读英语的时间不少于30分钟),天晴在操场草坪上,雨天在教学楼四楼。冬天6：30起床(天亮的晚),7：00～7：40读英语。

（2）身体是革命的本钱,所以必须坚持锻炼身体。每周打两次篮球,每次1.5小时,一为锻炼身体,二为将兴趣发展为特长,并认真上好每节体育课。

（3）坚持每周从双休日中抽出一天时间梳理本周所学内容,多跑图书馆,获取知识。

（4）收集好的学习网站并利用互联网学习。

（5）有意识地培养创新思维,不断提高自己的创新思维能力。

（6）坚持学习制作网页,并在大学期间建好个人主页。

年级不同,实施也有相应变化(不变的内容下面不再阐述);大一课程相对较少,课余时间较多,竞选班长,进入学生会。课余时间自学C语言,不懂的请教师哥师姐,到C语言的专业去听课,参加勤工助学,缓解经济压力。利用课余时间多接触计算机,经常使用办公软件,并接触了解一些其他软件。在三楼机房免费练习五笔,在平时上机时尽量使用五笔,在大一结束时要完全用五笔(现状:基本学会,不熟练)。多参加课外活动,show出自己,广交贤良(现状:参加阳光义卖,植树,义捐图书,演讲大赛。IT书法大赛,太阳鸟征文竞赛)。暑期:在学校所在城市打工边做计算机二级的试题,做好考计算机二级的充分准备。扩大生词量,认真学习英语。准备英语四级考试。

大二:上学期,任务太重,班上不再任职。用打工挣的钱买一台二手电脑,但并不联网,只用U盘下载一些软件(CAD,Mathmatic,3DMax)装上,学习使用。9月份考计算机二级,之后精心准备英语四级考试,并过四级。学习计算机三级数据库。下学期,大量练习计算机三级考试试题,精心准备,考过三级。参加全国英语六级考试。暑期:最好能找到充分利用所学知识、技能的工作,以便进一步提高自己的知识技能。

大三:到了大三,一些社团的职务一般都退了,再继续参加班级管理。并结合第二专业所学知识,理论联系实际,尝试好的创新管理模式。通过两年的学习和老师的帮助与指导,找准自己的专业发展方向。利用图书馆和网络大量获取相关知识,尽量做到了解本专业只是在哪些领域发挥着重大的作用,受哪些较大型公司的看好和青睐。并了解目前与本专业联系较紧的有哪些重大新成果,有哪些小发明,有哪些新设想,有哪些新难题。该领域内有哪些行家和泰斗。参加大型招聘会,感受会场气氛,了解招聘流程,提高处事和应变能力。

整理个人资料,收集三年多来的学习、工作、生活上获得的各种资料,精心写好简历,并寻求老师以及师兄师姐的指导。学习求职技巧,阅读相关书籍,收集理想公司的详细资料,包括规模、经营情况、高层领导、管理模式、用人原则和用人倾向等。

【评议】这位大学生制定的职业生涯规划书职业定位太宏观,实施路径不清晰,规划时间跨度小,实施措施太笼统,不具有可操作性,必须细化,短期规划要细化到每天的学习、生活、社会实践的安排等。

任务要求

根据你自身的具体实际,参照以下模板(模板不是唯一固定格式,可进行适当调整)写一份完整的职业生涯规划书。

大学生职业生涯规划书参考模板
封　面

署上作者、作品名称和年月日,可以在封面插入图片和格言

扉　页
个人资料

真实姓名:×××

性别:×

年龄:××岁

籍贯:××省××市/县

身份证号码:××××××××××××××××××

所在学校及学院:××大学××学院

班级及专业:××班××专业

学号:×××××××××

联系地址:××××××××××××

邮编:××××××

联系电话:××××××××

E-mail:×××××××××××

目　录

正　文

总论（引言）

第一章　认识自我

结合相关的人才测评报告对自己进行全方位、多角度的分析。

1. 职业兴趣——喜欢做什么

在我的人才素质测评报告中，职业兴趣前三项是××型（×分）、××型（×分）

和××型（×分）。我的具体情况是……

2. 职业能力——能够干什么

我的人才素质测评报告结果显示，××能力得分较高（×分），××能力得分较低（×分）。我的具体情况是……

3. 职业性格——适合干什么

我的人才素质测评报告结果显示……我的具体情况是……

4. 职业价值观——最看重什么

我的人才素质测评报告结果显示前三项是××取向（×分）、××取向（×分）和××取向（×分）。我的具体情况是……

自我分析小结：

第二章　环境分析

参考人才素质测评报告建议，我对影响职业选择的相关外部环境进行了较为系统的分析。

1. 家庭环境分析

经济状况、家人期望、家族文化等对本人的影响。

2. 学校环境分析

学校特色、专业学习、实践经验等。

3. 社会环境分析

就业形势、就业政策、竞争对手等。

4. 职业环境分析

（1）行业分析：××行业现状及发展趋势，人业匹配情况。

（2）职业分析：××职业的工作内容、工作要求、发展前景，人岗匹配分析。

（3）单位分析：××单位的发展前景、组织机构等。

（4）地域分析：工作单位所在城市的文化特点、气候水土、人际关系等。

职业生涯条件分析小结：

第三章　职业目标定位及其分解组合

1. 职业目标的确定

综合第一部分（自我分析）及第二部分（职业生涯条件分析）的主要内容运用职业生涯决策平衡表确定职业目标。

结论：职业目标——将来从事（××行业的）××职业

职业发展策略——进入××类型的组织(到××地区发展)

职业发展路径——走专家路线(管理路线等)

2. 对本人职业定位进行 SWOT 分析

内部环境因素	优势因素	弱势因素
外部环境因素	机会因素	威胁因素
分析		

根据 SWOT 分析结果确定行动计划。

3. 职业目标的分解与组合

把职业目标分成三个规划期,即近期规划、中期规划和远期规划,并对各个规划期及其要实现的目标进行分解。

职业生涯规划总表

计划名称	时间跨度	总目标	分目标	计划内容	策略和措施	备注
短期计划(大学计划)	20××~20××年	如:大学毕业要达到……	如:大一要达到……大要达到……或在××方面要达到	如:专业学习、职业技能培养、职业质提升、职业实践计划等	如:大一以适应大学生活为主,大二以专业学习和掌握职业技能为主……,或为了实现××目标我要……	大学生职业规划的重点
中期计划(毕业后五年计划)	20××~20××年	如:毕业后第五年时要达到……	如:毕业后第一年要……第二年要……或在××方面要达到……	如:职场适应、三脉积累、岗位转换及升迁等	……	大学生职业规划的重点

计划名称	时间跨度	总目标	分目标	计划内容	策略和措施	备注
长期计划（毕业后十年或以上计划）	20××～20××年	如退休时要达到……	如毕业后第10年要……第20年要……	如事业发展，工作、生活关系，健康，心灵成长，子女教育，慈善等	……	方向性规划

具体路径：××员——初级××——中级××——高级××。

第四章　评估调整

职业生涯规划是一个动态的过程，必须根据实施结果的情况以及变化情况进行及时的评估与修正。

1. 评估的内容

职业目标评估：是否需要重新选择职业？（假如一直……那么我将……）

职业路径评估：是否需要调整发展方向？（当出现……的时候，我就……）

实施策略评估：是否需要改变行动策略？（如果……我就……）

其他因素评估：身体、家庭、经济状况以及机遇、意外情况的及时评估。

2. 评估的时间

在一般情况下，定期（半年或一年）评估规划。当出现特殊情况时，要随时评估并进行相应的调整。

3. 规划调整的原则：因时而动、随机应变。

结　束　语

相关知识

一、职业生涯规划书基本内容

1. 明确志向

志向是事业成功的基本前提，没有志向，事业的成功也就无从谈起。俗话说：“志不立，天下无可成之事。”立志是人生的起跑点，反映着一个人的理想、胸怀、情趣和价值观，影响着一个人的奋斗目标及成就的大小。所以，在制定生涯规划时，首先要确立志向，这是制定职业生涯规划的关键，也是职业生涯中最重要的一点。

2. 自我评估

自我评估是为更好地认识自己、了解自己。只有正确地认识自己，才能对自己的职业做出科学的选择，才能对自己的职业生涯目标做出最佳抉择，才能选定适合自己发展的职业生涯路线。自我评估包括自己的兴趣、特长、性格、学识、技能、智商、情商、思维方式、思维方法、道德水准以及社会中的自我等。在自我探索时应考虑兴趣与职业的匹配；价值观与职业的匹配；个性与职业的匹配；能力与职业的匹配。

3. 环境分析

职业生涯环境的分析，主要是分析各种环境因素对自己职业生涯发展的影响，每个人都处在一定的环境之中，离开了这个环境，便无法生存与成长。因此，在职业生涯规划书中要分析环境条件的特点、环境的发展变化情况、自己与环境的关系、自己在这个环境中的位置、环境对自己提出的要求以及环境对自己有利的条件与不利的条件等。只有对这些环境因素充分了解，才能做到在复杂的环境中避害趋利，使职业生涯规划更具实际意义。环境因素分析主要包括：家庭环境，行业环境，企业环境，组织环境，社会环境。

4. 职业生涯目标

职业生涯目标的设定，是职业生涯规划的核心。一个人事业的成败，很大程度上取决于有无正确适当的目标。没有目标如同驶入大海的孤舟，四野茫茫，没有方向，不知道自己走向何方。只有树立了目标，才能明确奋斗方向，犹如海洋中的灯塔，引导你避开险礁暗石，走向成功。

目标的设定，是对人生目标作出的抉择。其抉择是以自己的最佳才能、最优性格、最大兴趣、最有利的环境等信息为依据。通常目标分短期目标、中期目标、长期目标和人生目标。短期目标一般为 1～2 年，短期目标又分日目标、周目标、月目标、年目标。中期目标一般为 3～5 年。长期目标一般为 5～10 年。

5. 行动计划与措施

确定了职业生涯目标后，行动便成了关键的环节。没有达成目标的行动，目标就难以实现，也就谈不上事业的成功。这里所指的行动，是指落实目标的具体措施，主要包括工作、训练、教育、轮岗等方面的措施。例如，为达成目标，在学习工作方面,计划采取什么措施提高工作效率? 在业务素质方面,计划学习哪些知识,掌握哪些技能,提高业务能力? 在潜能开发方面,采取什么措施开发潜能等,都要有具体的计划与明确的措施。并且这些计划特别具体,以便于定时检查。

6. 评估与反馈

俗话说:"计划赶不上变化",影响职业生涯规划的因素诸多。有的变化因素是可以预测的,而有的变化因素难以预测。在此状况下,要使职业生涯规划行之有效,就须不断地对职业生涯规划进行评估与修订。其修订的内容包括:职业的重新选择;职业生涯路线的选择;人生目标的修正;实施措施与计划的变更等。

二、职业生涯规划书的具体设计

编写职业生涯规划是大学生应具备的能力之一,掌握职业生涯规划的相关知识,并运用该知识为自己进行科学的规划,既为自己指明了前进的方向,又能调动一切可以调动的社会资源来实现自己的职业生涯目标。职业生涯规划书并没有固定的格式,能将个人的理想、目标、行动计划、落实措施合理地描述出来就是合格的职业生涯规划书。一般地讲,职业生涯规划书包括封面、扉页、目录、正文和结束语五部分内容。

1) 在封面上,署上作品名称和年、月、日,可以在封面插入图片和警示格言。

2) 在扉页上,应有编写人的基本信息。比如姓名、性别、年龄、家庭住址、籍贯、居民身份证号码、所在学校及所学专业、通讯地址、邮编、联系电话、E—mail 等内容。

3) 在目录页上,应体现的是正文的几个重要组成部分的题目所在的页码。

4) 在正文上,应有以下九部分内容:

(1) 引言。主要内容是规划的目的及自己对规划意义的认识。

(2) 自我分析:职业兴趣——喜欢干什么,职业能力——能够干什么,个人特质——适合干什么,职业价值观——最看重什么,胜任能力——优、劣势是什么,自我分析小结。

(3) 社会环境分析:家庭环境分析、学校环境分析、社会大环境分析、社会环境分析小结。

(4) 职业环境分析:行业分析、职业分析、企业分析、地域分析、职业环境分析小结。

(5) 职业定位:

① 综合上述的主要内容,得出本人职业定位的 SWOT 分析:

内部环境因素	优势因素(S)	弱势因素(W)
外部环境因素	机会因素(O)	威胁因素(T)

② 结论：

职业目标	
职业生涯策略	
职业生涯路线	
具体路径	

(6) 职业目标分解与组合：职业目标、经济目标、成果目标、学业目标、职位目标、能力目标。

(7) 职业生涯规划计划实施方案：包含计划名称、时间跨度。总目标、分目标、计划内容、策略和措施等内容，明确需要进行的培训和准备。

(8) 评估调整：职业生涯规划是一个动态的过程，必须根据实施结果以及变化进行及时的评估与修正。

① 确定成功标准。

② 评估的内容：职业目标评估、职业路径评估、实施策略评估、其他因素评估。

③ 评估的时间：一般情况下，定期(半年或一年)对规划进行；当出现特殊情况时，应随时评估并进行相应的调整。

④ 规划调整的原则。

(9) 缩小差距的方法：教育培训方法、讨论交流方法、实践锻炼方法。

5) 在结束语部分，主要是谈自己对职业生涯规划的认识，自己的准备情况等。

三、职业生涯规划书撰写步骤

(一)认识自我

认识自我可以说是职业生涯的起点，为你的职业远航做准备。认识自我即"知己"的过程，其重点是分析自己的条件，特别是分析自己的价值观、兴趣、爱好、能力特长、人格特征以及弱点和不足等。一般而言可以从生理、心理和社会三方面认识自我。

(1) 生理我。生理我是人的自然属性，是可直接测量和观察到的，包括高低、胖瘦、美丑、黑白和健康状况等内容。认识生理我,是认识一切自我的前提和基础,是自我认知的最基本的内容,包括对自己身体特征、健康状况和生理状况的认识。

(2) 心理我。心理我是一个人对自己心理属性的认识,不可直接测量和观察到的,但可通过人的行为来进行反映,包括一个人的价值观、性格、兴趣和能力等多个方面,在职业生涯规划领域中,心理我对职业探索和定位起着重要的作用,可通过正式评估和非正式评估进行测量,但个人通过对自己的总结、回顾、他人的评价等也可以了解心理的我,心理的自我是自我探索中的重点领域。

(3) 社会我。社会我包括人在社会中的地位、角色、权利、义务和责任等,社会的我是社会环境、家庭、学校等其他各种因素和自我互动的结果。每个人在社会上扮演各种不同的角色,因此社会上不同的人和团体对"我"有不同的认识和评价。

(二) 评估环境

1. 对社会环境的认知

对社会环境的认知包括当前社会政治、经济发展趋势;社会热点职业门类分布与需求状况;自己所选择职业在当前与未来社会中的地位情况。

(1) 社会政治、经济发展趋势。国家的政治环境、经济状况、就业政策等对个体的择业与就业都有重大的影响。人生的发展与社会环境密切相关,要分析哪些事情自己可以做,哪些事情不能做。不仅要分析现在,还要预测未来的经济增长率、经济景气度、经济建设的重点转移等。当经济振兴时,百业待举,新的行业不断出现,新的组织不断产生,机构增加,编制扩容,为就业及晋升创造了条件;反之,就会带来不利条件。当前我国由计划经济向市场经济转变,加之知识经济社会的到来,给人的生活方式带来了巨大的变化,对人的就业、人的发展、人的素质也相应提出了更高的要求。此外,全球经济一体化,对人的素质提出了更高的要求,不但要精通专业技术、经营管理,还要精通外语、熟悉国际贸易法以及异国风俗习惯等。

(2) 热门职业分布与需求状况。社会的变迁与价值观念对于个体来说也有重大的影响,要重点分析信息社会对职业生涯发展的影响,对人才成长的要求与挑战。还要注意人的价值观念的变化。随着社会的发展,人的价值观念都在不同程度地发生变化,人的需求层次也在不断提高。这些变化均将对人的职业生涯发展产生直接影响。另外,科学技术日新月异,知识更新的周期日益缩短。因此,在职业生涯设计中要充分考虑到知识的补充、理论的更新、观念的转变和思维的变革等。

(3) 所选职业在当前与未来社会中的地位情况。首先,要对所面临的就业市场有个大致的了解,了解自己的专业在就业市场是处于何种地位,是"卖方市场"还是"买方市场"。这在很大程度上决定着个体在就业市场是处于相对主动的地位还是被动的地位。其次,在就业之后考察自己的职业在当前以及未来社会中的地位情况,这对于一个人的职业生涯成功来说无疑是非常重要的。

2. 对组织环境的认知

对组织环境的认知包括对自己所选企业的内部环境和企业所面临的外部环境的分析两部分。

(1) 企业内部环境分析。一般分析以下三个方面:首先是组织特色,包括组织规模、组织结构、组织文化和人员流动等;其次是经营战略,包括组织的发展战略与措施、竞争势力和发展态势等。发展态势是指该组织处于发展期、稳定期,还是衰退期。组织的发展态势,对个人人生发展影响极大,须引起重视;第三是人资评估,包括人才的需求预测、升迁政策、培训方法和招募方式等,重点了解组织未来需要何种人才,需要多少,对人才的具体要求是什么,发展空间如何,还应包括人事管理方案、薪资报酬、福利措施和员工关系等。

(2) 企业外部环境分析。对企业外部环境的分析主要是对企业所面对的市场状况、在本行业中的地位与发展趋势以及所从事行业的发展状况及前景进行分析预测。在进行职业生涯设计时,我们必须对以上谈到的组织环境与社会环境的相关信息进行认真分析。

(三) 确定大学生涯发展的目标

对待成功,不同的人有完全不同的做法。一种人是永远活在梦幻里。另一种人则是一步一个脚印为自己的成功砍着荆棘、劈着石头、架着桥梁、修着道路。

大学生活对未来的职业生涯发展有着至关重要的影响,从职业发展的角度来看,这三年将经历适应探索期、定向冲刺期、融入实现期四个阶段,三个年级侧重不同,因此,做好大学三年的行动计划具有重要意义。

(四) 制定行动方案并实施

高职三年,不同的年级有不同的特点,可以根据这些特点设定主要任务,制定相应的计划,采取有效的措施实施。

一年级为适应探索期。在这一阶段大学生应尽快进入学习和生活角色,主动了解自己的专业性质和特点,以及将来就业的优劣势,在现实可能的基础之上,根据自身的实际和特点,对未来职业生涯进行规划和构想。要初步了解职业,特别是自己未来所想从事的职业或自己所学专业对口的职业,提高人际沟通能力。具体活动可包括多和学长们交流(尤其是即将毕业的学生),询问就业情况;大一学习任务不重可多参加学校活动,增加交流技巧,通过英语和计算机的相关证书考试;为可能的转系、升本做好资料收集及课程准备,认真阅读学生手册,了解相关规定。

二年级为定向冲刺期。这一阶段大学生应考虑清楚是升学还是就业。通过参加学生会或社团等组织,锻炼自己的各种能力,同时检验自己的知识技能;可以开始尝试兼职、参加与自己未来职业或本专业有关的社会实践活动,增强自己的责任感、主动性和受挫能力,这一阶段要正确认识自己,又要建立合理的知识结构,努力提高自己的综合素质。一般来说,大学生应重点培养职业生涯决策能力,即面对各种抉择情景时,搜集、过滤、运用各种相关资料,做出合理的决策;自我观念发展的能力,即个人有明确的自我观念,了解和某项职业有关的个人抱负、价值以及心理需求满足的程度;自由选择的能力,即在职业生涯规划中,做出弹性的、完全自由的抉择;对外界变迁适应的能力,即面对迅速的社会变迁和工作世界的变化,有适应的观念和弹性应对的处理。

三年级为融入实现期。这个阶段大学生要充分利用毕业顶岗实习机会,积极主动融入社会,更好地了解真实的职业世界,挖掘职业潜能,在实践中校验自己的积累和准备。发现并弥补知识和能力方面的不足,在撰写毕业论文或毕业设计时,锻炼自己独立解决问题的能力并提升创造性。可先对前两年的准备作一个总结:首先检验自己已确立的职业目标是否明确,前两年的准备是否充分。学习写简历、求职信,搜集工作信息,学习求职要领和面试技巧,并积极参加招聘活动,和同学交流求职的心得体会。希望升本的同学参与相关培训活动,积极备考。

人与人之间具有差异性,近期奋斗目标也不尽相同,自身条件与近期目标之间的差距不可能完全一样,为实现近期目标所采取的措施也必然各有不同。千篇一律、千人一面、缺乏个性、空洞教条的措施,必然实效不高、作用不大,不能达到职业生涯规划者想要达到的目的。

大学生活只是人生的一站,未来的旅途还很漫长,要在未来的职业生涯中取得成功,就必须持之以恒地贯彻自己每一天的计划,否则,你就是那个永远活在梦幻里的人。

（五）反馈与修正

在制定职业生涯规划时,由于对自身及外界环境都的了解不一定很深,最初确定的职业生涯目标往往是比较模糊和抽象的,有时甚至是错误的。经过一段时间后,有意识地回顾自己的言行得失,可以检验自己的职业定位与职业方向是否合适,从而为自己找到合适的发展方向。目前常常听到"先就业,再择业"的说法,许多同学因为不了解自己也抱着这种想法,随便找了单位就工作了,工作一段时间后才发现自己并不喜欢也不胜任这项工作。这是因为抱着这种思想的人,导致盲目地为了找一份工作而找工作,缺乏理性的选择和思考,更谈不上长远的规划,这样做的后果往往是入职不匹配,直接后果就是经常频繁换工作,三五年后仍然业绩平平,结果耽误了职业发展的宝贵时间。因此,对这部分人来说,生涯规划的反馈与修正就变得更加重要。

在职业生涯规划实施和运行的时候,由于每个人的自身条件和外部环境不一样,对未来目标的设定也有区别,并且不可能对未来外部情况了如指掌,对自己的一些潜在能力也可能了解得不够深入,这就需要在实施中不断根据反馈进行规划修正,使之更符合当时的客观环境。并要充分认识与了解相关的环境,评估环境因素对自己职业生涯发展的影响,分析环境条件的特点、发展变化情况,把握环境因素的优势与限制,结合本专业、本行业的地位、形势以及发展趋势,对生涯目标与策略等进行取舍与调整。

因此,通过职业生涯规划的反馈与修正过程,可以自觉地总结经验和教训,评估职业生涯规划,修正对自我的认知。通过反馈与修正,可以纠正最终职业目标与分阶段职业目标的偏差,保证职业生涯规划的行之有效。同时,通过评估与修正还可以极大地增强自信心,从而促进生涯目标的实现。

总之,反馈与修正是职业生涯规划的重要环节,也是保障生涯规划能否实施的关键环节,只有通过反馈与修正,才能保证目标的合理性和措施的有效性,也才能最终促使生涯目标的实现。

相关链接

优秀职业生涯规划书鉴赏
某大学生的职业生涯发展规划书

1. 引言

未来,掌握在自己手中;花开花又落,春去春又回。踏着时光车轮,我已走到20岁的年轮边界。驻足观望,电子、网络铺天盖地,知识信息飞速发展,科技浪潮源源不绝,人才竞争日益激烈,不禁感叹,这世界变化好快。

身处信息世界,作为一名电子信息专业的当代大学生,我不由得考虑起自己的未来。在机遇与挑战粉墨登场的未来社会里,我究竟该扮演什么角色呢?

水无点滴量的积累,难成大江河。人无点滴量的积累,难成大气候。没有兢兢业业的辛苦付出,哪里来甘甜欢畅和成功的喜悦? 没有勤勤恳恳的刻苦钻研,哪里来震撼人心的累累硕果？只有付出，才能有收获。未来，掌握在自己手中。

由此，想起自己走过岁月中的点点滴滴，我不禁有些惭愧。我对自己以往在学业、文体、社团活动中的表现不是很满意。我发现自己惰性较大，平日里总有些倦怠、懒散，学习、做事精力不够集中，效率不高，态度也不够专注。倘若不改正，这很可能会导致我最终庸碌无为。不过还好，我还有改进的机会。否则，岂不遗憾终生？

一本书中这样写道：一个不能靠自己的能力改变命运的人，是不幸的，也是可怜的。因为这些人没有把命运掌握在自己的手中，反而成为命运的奴隶。而人的一生中究竟有多少个春秋，有多少事是值得回忆和纪念的。生命就像一张白纸，等待着我们去描绘，去谱写。

而如今，身为大学生的我们，在一天天消磨时光的日子里，不如抓紧时间多学一些知识来充实自己。人的大学时光一生中也许就一次，不把握好，将来自己一定会追悔莫及。于是，再经过一番深思熟虑之后，我决定把自己的未来设计一下。有了目标，才会有动力。

2. 自我盘点

（1）兴趣爱好。

业余爱好：读书、听音乐、无线电维修、画画；喜欢的文学作品：《红楼梦》、《战争与和平》、《老人与海》、《平凡的世界》；喜欢的歌曲：《爱拼才会赢》、《红日》、《流年》；心中偶像：周恩来、比尔·盖茨。

（2）优势与优点。

学习成绩优秀，担任班干部，班级群众基础好，父母、亲人、班主任、任课老师关爱，动手能力较强。做事仔细认真、踏实，友善待人，做事锲而不舍，勤于思考，考虑问题全面。

（3）劣势与缺点。

目前的手头经济状况较为窘迫，海拔高度不够，体质偏弱。性格偏内向，交际能力较差，过于执著固执，胆小，思想上属保守派，缺乏自信心和冒险精神，积极主动性不够，做事爱拖拉，惰性较大。

（4）生活中的成功经验与失败教训。

成功竞选成为班支委一员，成功组织过学习研讨主题班会并获年级组评选第一名，个人学习成绩、综合积分均为班级第一，通过考核以较大优势加入系学生实验室，工作中全班同学的悉心支持是我最大的财富。高考失利打击较大，一位好朋友与我有误解而陌路，竞选系学习部长失利，老听别人侃侃而谈可接不上话，心里特难受。

解决自我盘点中的劣势和缺点：

所谓江山易改,本性难移。内向并非全是缺点,使我少一份张扬,多一点内敛,但可相应加强与他人的交流沟通,积极参加各种场合各项有益的活动,使自己多一份自信、激扬,少一份沉默、怯场。充分利用一直关心支持我的庞大的亲友团的优势,真心向同学、老师、朋友请教,及时指出自身存在的各种不足并制定出相应计划加以改正。

加强锻炼,增强体质,提高体育成绩,以弥补身高不足而带来的负面影响。积极争取条件,参加校内外的各项勤工俭学活动,以解决短期内的生活费问题并增强自身的社会工作阅历,为以后创造更多的精神财富和物质财富打下坚实基础。

（5）职业取向分析测试。

为了进一步认清自我属于何种类型的社会人,初步确定个人未来数年内更适宜从事的工作究竟是什么,我查找了多种测试工具,最终主要选择了霍兰德职业倾向测验量表,并对其中的相关内容进行了认真的测验,从而初步得出了自己的未来职业取向。以下为测验结果：

（1）心目中的理想职业（专业）:公务员、科技工作者、医生。

（2）感兴趣的活动排序:R 型、I 型,S 型、C 型、A 型、E 型。

（3）职业能力倾向测试:R（实际型）:木匠、农民、操作 X 光的技师、工程师、飞机机械师、鱼类和野生动物专家、自动化技师、机械工（车工、钳工等）、电工、无线电报务员、火车司机、长途公共汽车司机、机械制图员、修理机器、电器师。RIS:厨师、林务员、跳水员、潜水员、染色员、电器修理、眼镜制作、电工、纺织机器装配工、服务员、装玻璃工人、发电厂工人、焊接工。表格所测本人适合的职业主要为:无线电修理工,电工。

综上所述,本人所适宜的未来职业倾向类型主要为工程技术类,即无线电服务、电工类。

3. 未来职业规划

（1）确定职业通路。

根据已确定的自己的职业发展领域,确定自己何时内部发展何时重新选择及发展通路。简述如下：

① 职业类型:工程技术型。

② 典型特征:性格内向,喜欢独立思考,做事谨慎细致。职业选择时,主要注意力是工作的实际技术。即使提升,也不愿到全面管理的位置,而只愿在技术职能

区提升。

③ 成功标准：在本技术区达到最高管理位置，保持自己的技术优势。

④ 主要职业领域：工程技术、电类专业。

⑤ 个人职业通路设计：一线操作员——技术维修技术员、助理工程师——工程师、高级工程师——副总工程师，公司总工程师。在担任高级工程师两年后，如果本企业发展不佳，到大中型企业发展。

⑥ 培训和准备：3年内取得助理工程师资格，7年内取得工程师资格，工程师后5年内成为高级工程师。在业余时间进修管理学知识。需要提高处理信息的能力，保持积极的心态。

(2) 未来人生职业总规划。

围绕可能的职业发展通路，本人特对未来50年作初步规划如下：

2013—2016年学业有成期：充分利用校园环境及条件优势，认真学好专业知识，培养学习、工作、生活能力，全面提高个人综合素质。

2016—2019年熟悉适应期：利用3年左右的时间，经过不断地尝试努力，初步找到适合自身发展的工作环境、岗位。

完成主要内容：

① 学历、知识结构：提升自身学历层次，从专科走向本科。途径：参加进修、自学或函授、夜大或脱产等；专业技能较熟练，达到助理工程师技术水平。途径：专业学习、培训，熟悉工作环境。

② 个人发展、人际关系：在这一时期，主要做好职业生涯的基础工作，与同事友好相处，获得领导认同，打好基础，职位升迁暂不考虑。途径：加强沟通，虚心求教。

③ 婚姻家庭：暂不考虑，有缘分可顺其自然，不强求。

④ 生活习惯、兴趣爱好：适当交际的环境下，尽量形成较有规律的良好个人习惯，并参加体育活动，如跑步、打球等。途径：制定生活时间表，约束自己更好地执行。

2019—2031年稳步发展期：在此10年左右的时间里，努力奋斗，使自己在本单位、本岗位上业务精湛，并小有成就。

完成主要内容：

① 学历、知识结构：在原基础上进一步提升自身学历层次，达到本科或研究生水平；途径：参加进修、自学或函授、夜大或脱产等。较熟练掌握本专业领域内的技术技能，达到工程师或高级工程师技术水平，并具有一定的生产技术管理经验；途

径：参加专业培训，加强学术交流。

② 个人发展、人际关系：在做好与同事友好相处的基础上，使自己逐步成为单位的技术骨干，并充分发挥自身技术优势，能在技术管理岗位上有所小成。途径：大胆工作，敢于创新，充分利用网络、图书馆等条件不断学习新技术、新方法。

③ 婚姻家庭：寻找另一半，注意品行、学历、家庭背景等因素，并结婚生子，购买住房，承担家庭责任，教育好下一代。

④ 生活习惯、兴趣爱好：此阶段个人习惯的良好规律显得尤为重要，生活工作压力最大，

必须调整好自身状态，以保证能更好地投入到事业发展中去，定时参加体育活动，以增强体质。途径：制定生活时间表，家庭成员督促执行。

2031—2051年事业有成期：此为职业生涯发展的黄金时期，应抓好这一阶段，使本人发展到个人事业的顶峰。

完成主要内容：

① 学历、知识结构：重点加强知识的更新，熟练掌握本专业领域的技术技能，并成为技术权威，具有较强的生产技术管理经验。途径：加强学术交流，虚心向年轻人学习新技术。

② 个人发展、人际关系：成为单位的中流砥柱或中层领导，注意管理方法的学习总结，加强对年轻人的指导帮助，带动新一代快速成长。

③ 婚姻家庭：在工作时注意处理好家庭与工作的关系，保证家庭和睦。

④ 生活习惯、兴趣爱好：前些年养成的良好生活习惯将成为现阶段的一笔宝贵财富，注意继续保持。

2051—2056年发挥余热期：此时已退休，若体力、精力还不错，可继续参加业余工作，为社会尽自己的一份力量，同时也为充实自己的老年生话，注意劳逸结合，千万不能过分劳累，时间视具体情况而定，但若有不适就提前停止工作，进入下一时期。

2056年以后颐养天年期：忙碌了一辈子，该多多休息了。在家可养花异草，闲庭信步，外出游览祖国大好河山，儿孙膝下承欢，尽享天伦之乐。这时候，我终于可以慢慢回顾自己争取走过的路写一部个人回忆录。无论在别人的眼中我的一生过得如何，但我可以很自豪地在回忆录的最后一页写上两个字：成功！

（3）短期目标规划。

千里之行，始于足下。本人计划先把目前在校的三年短期规划作为自己职业生涯总规划的伊始篇。希望能够走好第一步，为以后更长的路打下坚实基础。

1) 在校期间总的目标规划。

思想政治及道德素质方面：以马列主义、毛泽东思想、邓小平理论、"三个代表"重要思想为指导，树立正确的人生观、价值观、道德观、奋斗观、创业观，坚持正确的人生价值取向。定期递交对党的章程的学习、认识及实践的体会，以及自己的言、行、感受的材料，争取早日通过审核，加入中国共产党。积极参加党团活动，"三学"活动等。

社会实践与志愿服务方面：适时参加社会调查活动、下厂参观实习等工作。适时参加安全义务献血、植树活动、青年志愿服务活动等公益事业。

科技学术创新创业方面：扎实学习专业技能，同时，充分利用校内图书馆、校外购书城及网络信息，开拓视野，扩展知识范围，以此激发、开拓思路，尝试设计开展学术创新、科技创新。

文体艺术、社团活动与身心发展方面：积极参加校内外文体艺术活动、校内社团活动、演讲赛、辩论赛、书画比赛等，以此充分锻炼胆量、能力，展示个人风采。积极参加身体锻炼和校运动会。每周平均参加体育活动三次，每次半小时左右。

技能培训方面：为后期踏入社会、参加工作积累一定的基本能力，并具有较为扎实而全面的专业基本技能，力争做到：①大二上半学期通过二级计算机考试；②大二上半学期参加英语三级(B)等级考试并通过；③大三上半学期参加四级英语考试并力争通过；④大三时期在技能培训方面注重电子信息技术专业英语的学习、积累，参加无线电调试工(高级)、通信终端维修工等专业考试并通过。

学业方面：平时，无非常特殊情况绝不迟到、请假，更不准旷课，保证好学习听讲时间及学习质量。除去上课时间，应充分利用课余时间。除去必要适量的身体锻炼、娱乐活动及休闲时间外，均应安心、踏实、专注地攻读职业方向类、专业类书籍和其他类别的实用书籍。学习时应注意预习、听讲、复习、综合分析对比联系，以及所用时间比例。知识积累不仅应做到广、博，更应做到专、精，博采众长，又红又专。

2) 三年阶段规划。

大学一年级试探期：初步了解职业，特别是自己未来可能从事的职业即自己所学专业——电子信息技术对口的职业，并通过参加选修课的形式学习文学艺术类课程，努力提高本人的人际沟通能力。多和师长们进行交流，多参加学校、院系组织的各种活动，以提高人际交流的技巧，丰富社会的阅历。

大学二年级定向期：做好两手准备：①继续学习深造，专业方向为电子信息技术类。②就业，在有合适单位、岗位的情况下，可以考虑先工作。围绕这两个方面，本学年本人一方面做好专转本考试的准备工作,了解与之相关的要求,做好迎考复习;同时注意提高自身的基本素质,通过参加学生会或社团等组织,锻炼自己的各种能力,同时检验自己的知识技能;开始尝试兼职、社会实践活动,在课余时间从事与自己未来职业有关的专业类工作,提高自己的责任感、主动性和受挫能力。大学三年级分化、冲刺期:若大二专转本成功,则到新的学校继续学习专业知识;若不幸落第,则以成功毕业并找工作为主要目标。注意提高求职技能,搜集就业信息。在平时的学习、讨论中,锻炼自己独立解决问题的能力和创造性;学习写简历、求职信,研究了解搜集工作信息的渠道,尝试和已经毕业的校友了解往年的求职情况,开始毕业前工作的申请,积极参加招聘活动,

在实践中校验自己的积累和准备;最后,预习或模拟面试。积极利用学校提供的条件,指导中心提供的用人公司资料信息,强化求职技巧、进行模拟面试等训练,充分在准备的情况下施展演练。交出令人满意的完美答卷。

4. 结束语

计划定好固然好,但更重要的在于其具体实施并取得成效。这一点时刻都不能被忘记。任何目标,只说不做到头来只会是一场空。然而,现实是未知多变的。定出的目标计划随时都可能受到各方面因素的影响。这一点,每个人都应该有充分的心理准备。当然,包括我自己。因此,在遇到突发因素、不良影响时,要注意保持清醒冷静的头脑,不仅要及时面对、分析所遇到的问题,更应快速果断地拿出应对方案,对所发生的事情,能挽救的尽量挽救,不能挽救的要积极采取措施,争取做出最好矫正。相信如此一来,即使将来的作为和目标相比有所偏差,也不至于相距太远。其实,每个人心中都有一座山峰,雕刻着理想、信念、追求、抱负。每个人心中都有一片森林,承载着收获、芬芳、失意、磨砺。但是,无论眼底闪过多少刀光剑影,只要没有付诸行动,那么一切都只是镜中花、水中月,可望而不可及。一个人,若要获得成功,必须得拿出勇气,付出努力、拼搏、奋斗。成功,不相信眼泪;成功,不相信颓废;成功,不相信幻觉。成功,只垂青有充分磨砺充分付出的人。未来,掌握在自己手中。未来,只能掌握在自己手中。人生好比是海上的波浪,有时起,有时落,三分天注定,七分靠打拼!爱拼才会赢!

学习评价与反馈

任务	存在的问题	改进措施

收获与感悟：

指导教师评语：

教师签名：

课外实践活动

　　以班级为单位,由辅导员或班干部组织参加院系职业生涯规划大赛,把优秀作品向全体同学展示,激发大家认知开展职业生涯规划的热情,并将职业生涯规划落实好。

第5章　职业生涯规划的评估与调整

学习目标

（1）知识目标：了解职业生涯规划反馈的含义及类型；理解进行职业生涯规划评估的原因、内容、方法和步骤；掌握如何进行职业生涯规划的调整。

（2）技能目标：提高学生制作职业生涯规划设计书中评估与调整一栏的能力。

（3）态度目标：使学生对自身职业生涯的成功充满了希望。

任务5.1　职业生涯规划的反馈

案例导入

职业生涯规划不等于一切

大学毕业后，小勇在一家企业做销售员，后因各种原因辞了职，半年后还是没有找到合适的工作。于是，他来到职业咨询公司做职业生涯规划。通过测评，发现他非常适合做销售，职业顾问为其规划的下一个平台是做含金量更大的销售员，最终目标是做销售经理。小勇对职业顾问帮他做的职业生涯规划相当满意，一个月过去了，当职业顾问进行跟踪问效时，同期做规划的几个人都按要求找到了合适工作。只有小勇还"原地立正"，还说："这也没什么用呀！"

经过小勇职业生涯规划信息的反馈，咨询师帮助小勇找出了原因。原来小勇把做规划与实际执行脱了节，感到需要补充的知识有难度，就没有补充学习。咨询师启发他："对职业生涯规划的正确理解是，行之有效的生涯设计需要切实可行的奋斗目标,这是制定职业生涯规划的关键。"制定实现职业生涯目标的行动方案,要有具体的行为措施来保证。没有行动,职业目标只能是一种梦想。要制定周详的行动方案,更要注意去落实这一行动方案。比如:如何来提高自己的综合素质?如何提高自己的技能?如何弥补自己的弱项?如何创造晋升的机会?这些具体、详尽、可行的行动方案是实现目标的手段和工具,会帮助你一步一步地实现目标,走向成功。在咨询师的帮助下,小勇下决心补上自己知识的欠缺,很快就按目标登上了职业生涯规划的第一个台阶。

【评议】 在职业生涯规划过程中,最后一个步骤是信息反馈。由于现实社会中不确定因素的存在,会使大学生与原来制订的职业生涯目标有所偏差,这就要求不断地反省并对规划的目标和行动方案作出评估或调整,从而保证最终实现人生理想。从小勇的案例上说,反馈调整就是一个再认识、再发现的过程。这就要求大学生时时注意内外环境的变化,不断地审视自我、调整自我、修正策略和目标,这个过程就是反馈评估。它可以确保个人职业生涯规划的有效性。

任务要求

通过对职业生涯规划反馈知识的学习,根据职业生涯规划 360°反馈的知识填写下表:

经验人士评价	
老师评价	
父母评价	
同学评价	
朋友评价	
自我评价	
生涯规划方案修正	

相关知识

由于个人及社会环境都处于不断的变化过程中,职业规划也要发生相应的变化。在进行职业规划时,由于对自身和外部环境认识的局限,规划往往不够具体和细致,有时还会有一定的偏差。在开始职业生涯之后,就可以主动地回顾自己的实践过程,检验职业规划的方向和定位是否合适。反馈的过程就是实践、认识、再实践、再认识的过程。

一、反馈的类型

根据反馈的形式不同,可以把反馈分为三种类型:

第一种类型:正式反馈。正式反馈通过程序化的有组织的过程进行。大学的正式反馈通常使用大学生的综合素质反馈登记表,从教育学的角度来界定,可划分为思想道德素质、智育素质、体育素质、文化素质和心理素质等五个部分。一般认为不同大学、不同专业对学生素质结构的要求不同,但在进行必要的单位换算和加权处理后这五部分分值可形成一个综合素质评价值。该方法分为自评、互评、班评及综评等四个评价阶段,满足大学对学生综合素质评价科学性的需求。可以使大学生知道自己的哪些能力需要发展提高,从而改进其学习、工作表现和行为。

第二种类型:非正式反馈。非正式反馈即由大学生在日常学习工作交流中互相提供反馈信息。这种方式可以非常简单,由老师或同学(朋友)对自己所存在的缺点或错误提出意见。还可以通过写感谢信、当众表扬或老师当面赞许等方式来传递正面的反馈信息。例如,学习上相互帮助;上课前、寝室卧床会的交流等以便取长补短;在实训课程结束后马上进行总结。通过日常交流和非正式反馈,学生可建立起重要的人际交流渠道,为职业生涯规划进行正式反馈铺平道路。

第三种类型:绩效考评。绩效考评可采用多种形式,有的大学生把考研当作自己近期最主要的目标;有的大学生想节省时间,学习第二学位成了他们的最好选择;还有的大学生准备毕业后踏入社会,因此为了给自己积累资本,各种职业证书就成了他们要攻克的难关,如英语四级和六级、国家计算机二级等专业证书;有的大学生选择加入学生会,并把学生会锻炼当作大学阶段必不可少的一门实践课。大学生可以根据自己的不同职业生涯目标,提供正确的信息反馈,发现合格的大学生标准和条件。采取不同的管理方式,提高自身素质。

二、实施全方位反馈评价

全方位反馈也称 360°反馈,最早由被誉为'美国力量象征'的典范企业英特尔首先提出并加以实施的。在 360°评价法中,评价者不仅是被评价者的上级主管,还包括其他与之密切接触的人员(如同事、下属、客户等),同时也包括自评。可以说,这是一种基于上级、同事、下级和客户等收集信息、评价绩效并提供反馈的方法。大学生职业生涯规划全方位反馈评价应包含学校领导、老师、学生和被评价者自身等主体。实施大学生职业生涯规划全方位反馈评价,要重点把握好以下三个环节:

(1)做好同学间评议。同学间提供评价意见可以借助同学们的智慧与经验,让被评价的学生更清醒地认识到自身的优势和不足,明确努力的方向。

(2)做深自我评价。自我评价更便于大学生进行自我反思,使我们由被动接受评价转变为主动反省和总结学习工作的得失,同时可以要求大学生用学习成绩有限字数总结作为核心创新点,使评估成为自我认识、自我改进、自我管理、自我完善的有效途径,使评价成为大学生专业发展的"助推器"。

(3)做实评价反馈。大学生全方位反馈评估最后能否改善其的职业生涯规划状况,在很大程度上取决于评价结果的反馈。因而应通过选择合适的时间、地点和反馈途径,把综合各方面的评估信息经过实际分析反馈给自己,并帮助评价和调整职业生涯规划的发展与行动计划,从而增强反馈的效能。

任务 7.2　职业生涯规划的评估

案例导入

金融风暴来袭

小刘和小王是某职业院校文秘班的毕业生。毕业后,她俩按照自己的职业设计,应聘到同一家贸易公司当文员。小刘对这份工作很满意,工作踏实努力,而且在业余时间进修商务英语口语。而小王对这份工作不是很满意,可是一时又没有新的发展方向,得过且过。2008年金融风暴席卷全球,她们所在的公司受到严重影响,小刘和小王都被迫下岗。

面对突如其来的职场变故,小刘很快调整好自己的心态,重新进行职业生涯评估,利用自己的工作经验,开始找新的适合自己的工作。不久,她凭借着出色的英语口语和对文秘专业知识与技能的熟练掌握顺利再次就业。而小王却几次面试未果,一直在慨叹自己运气不佳。

【评议】职业生涯规划制定之后,并不意味着一劳永逸,客观实际情况变化了,职业生涯规划需要根据这种变化不断予以调整、评估和完善,使其行之有效,真正做到与时俱进。

任务要求

员工职业生涯规划档案(PPDF)法可以运用于企业,同时也可以运用于大学生职业生涯规划中,学生根据所学 PPDF 的知识,结合自身的职业生涯规划,填写下表。

一、个人情况

1. 个人简历

姓　　名		血　　型		民　　族	
性　　别		年　　龄		出生年月	
出 生 地		婚姻状况			
现 住 址					
联系方式					

2. 家庭成员

姓名	工作单位	职务	与本人关系	联系方式	所在地

3. 兴趣爱好

二、教育培训

1. 教育情况

起止时间	学院名称	专　业	学　制	取得成绩	教育形式

2. 培训情况

起止时间	培训机构名称	专业技能	学　制	取得成绩	培训形式

（续表）

三、工作经历

1. 工作简历

起止时间	单位名称及所在地	职　务	薪资水平	证明人及电话	离职原因

2. 典型案例（在以往的工作经历中你觉得印象最深刻的是那些？请简要说明。）

3. 总体评价（请对你以往的工作经历作简要评价。）

四、自我评估（请根据以上资料，做出自我评估，并在下方的综合能力等级上打√）

A. 较差　　　　B. 一般　　　　C. 良好　　　　D. 优秀　　　　E. 卓越

自评人签字：

五、现在的行为

1. 课外工作情况

部　　门		职　务		入职时间	

2. 奖惩情况

3. 岗位职责

（续表）

4. 现时目标及完成时间（列出和此目标有关的专业、经历等。完成时间要考虑到成本、时间、质量和数量等。）

六、个人发展规划

1. 发展目标（在未来的 3～5 年里,你准备在公司做到什么位置）

2. 理清目标（为了达到你的目标,你认为需要提升、掌握哪些新的业务知识、技术能力和体验。）

3. 行动计划（为了获得这些新的业务知识、技术能力和体验,你准备采用哪些方法和实际行动? 其中哪一种是你认为最好、最有效的? 谁对执行这些行动负责? 什么时间能完成?）

4. 行动日志（此处填写发展行动计划的具体活动安排,所选用的培训方法,如听课、自学、所需日期、开始的时间、取得的成果等。这不仅仅是为了自己,也是为了了解工作、了解行为。同时,你还要对照自己的行为和经验等,写上你从中学到了什么。）

行动日志

（续表）

日　期		开始时间		监　督　人	
地　点		结束时间		培训方法	

具体内容：

1.

2.

3.

取得成果：

1.

2.

3.

心得体会：

1.

2.

3.

自我评分：

A. 优秀　　　　　B. 良好　　　　　C. 一般　　　　　D. 较差

自评人签字：

行动计划时间推进表（样表）

姓名		部门		职务	
入公司时间					
联系电话					

行动目标（1～5 年内要达到的目标）：

完成时间（考虑目标难易程度，设定完成时间）：

目标分解（分阶段、分步骤完成）：

第一年

预期效果：

（续表）

具体实施办法

需公司提供哪方面帮助

完成时间

督导人

第二年

预期效果

具体实施办法

需公司提供哪方面帮助

完成时间

督导人

第三年

预期效果

具体实施办法

需公司提供哪方面帮助

完成时间

督导人

第四年

预期效果

（续表）

具体实施办法	
需公司提供哪方面帮助	
完成时间	
督导人	
第五年	
预期效果	
具体实施办法	
需公司提供哪方面帮助	
完成时间	
督导人	
心得体会	

相关知识

　　职业生涯规划也需要做好与内、外部环境相适应的评估、调整。尤其在环境的动态变化与个体的内在状态不断波动起伏的过程中，个体需要时时审视自已的职业选择、职业目标、路线的确定是否适合自身的发展，有时正确的选择会因外部环境的变化而显得不合时宜，因此，要使生涯规划行之有效，就须不断对规划进行评估与修订。同时，个体对自我的认知是不断变化、日趋成熟的，随着一个人的年龄增长，其兴趣、能力、经验等自变量在不断地变化，对职业的倾向性和判断也在不断地发生变化。

一、评估的内容

1. 对职业选择的评估

假如你一直无法找到所希望的学习机会和工作，那么将根据现实情况重新进行职业生涯选择；或者个人因为无法适应或胜任所设计的职业生涯目标，在学习工作中得不到应有的发展，导致自己长期压抑、不愉快，就应考虑评估、调整职业生涯规划；如果自己结婚后，职业给家庭造成极多的不便，或者家人反对所从事的职业，也应考虑修正和调整职业生涯规划。

2. 对职业发展方向的评估

当出现更适合自身发展和职业生涯发展的机会或选择时，或原定发展方向缺少发展前景的时，就应尝试调整发展方向。

3. 对职业行动策略的评估

如果在其他地方可以找到一份令自己和家人都十分满意的工作，就前往该地；如果家人无法在自己工作的地方定居、工作，在征询父母意见后，将考虑改变已定计划，前往它地；如果在已定区域和职业选择上实在得不到发展，将考虑改变行动策略。

4. 对其他因素的评估

如果家庭需要更多的照顾，将把更多的精力放在家庭，甚至暂时放下工作；如果身体条件不允许，将放低对自己的职业要求；如果还有其他意外的产生，就应调整职业生涯规划。

二、评估的步骤

1. 确定评估的目的和任务

不论做什么事，在开始着手之前都要考虑一下，为什么要做这件事，目的是什么。所以，在做职业生涯规划的评估工作时要先确定评估的目的以及主要任务。从评估的内容就可以看出评估的目标，就是要确定职业生涯目标是否合适，是否需要更改职业生涯路径，策略是否得当。

2. 进行自我评价

无论是自我评估还是在职业生涯规划评估中，首先都要进行自我评价。自我评价包括两方面的内容：其一是按完成时间评估；当做好了一份职业生涯规划时，都会按照时间来确定阶段性任务。所以，自我评估首先就要看自己是不是准时完成了计划中的任务。其二是按完成性质评估；在完成任务的时候不仅要按时，而且要保证质量。如果按时完成了目标，但是感到完成起来非常困难，或者感到效率很低，完成的质量不高，这时就要考虑：是定的职业目标太高，还是没有紧迫感,没有抓紧时间。若目标定得太高,可以考虑降低目标的难度;若在完成计划时未抓紧时间,那就应该加强紧迫感。还有一种情况就是,我们完成了既定目标,但是自己的生活过于安逸,那就意味着定的目标过低,这时可以考虑适当地提高目标。

3. 对事先搜集的反馈信息的准确性和可用性进行评价

在搜集信息的过程中,由于客观原因会存在信息与实际不符的问题。如有些人碍于"面子",不肯讲出自己心里的真正想法,从而提供了一些无用的信息;有些人怕说出实话而得罪人,不进行客观的评价,一味恭维。因此在搜集好信息以后,要进行仔细地甄别和筛选,保留对自己有用的信息,丢掉那些无用的和不真实的信息,这样结论才会客观。

4. 运用适当的评估方法

科学的评估方法包括:

(1) 全方位反馈评估法。这种方法在员工绩效管理中经常用到,在职业生涯规划的评估中也是一种非常有效的方法。在这种方法中,通常是几种评估方式结合使用,即自我反思、调查对比和求教他人相结合。通过这种方法,可以较全面地了解自己设计的职业生涯规划的不足,及时进行调整。

(2) PPDF 法,PPDF 的英文全称是 Personal Performance Development File。中文意思是:个人职业表现发展档案,也可译成个人职业生涯发展道路。在发达国家的不少企业里都有一种被称为 PPDF 的东西。这个东西看起来很简单,但是作用却非常大。

PPDF 是对员工工作经历的一种连续性的参考。它的设计使员工和他的主管领导,对该员工所取得的成就,以及员工将来想做些什么有一个系统的了解。

PPDF 的主要内容:

(1) 个人情况。

① 个人简历:个人的生日、出生地、部门、职务、现住址等。

② 文化教育:初中以上的校名、地点、入学时间、主修专题、课题等。所修课程是否拿到学历,在学校负责过何种社会活动等。

③ 学历情况:填入所有的学历、取得时间、考试时间、课题以及分数等。

④ 曾接受过的培训:曾受过何种与工作有关的培训(如在校、业余还是在职培训)、课题、形式、开始时间等。

⑤ 工作经历:按顺序填写你以前工作过的单位名称、工种、工作地点等。

⑥ 有成果的工作经历:写上你认为以前有成绩的工作是哪些,不要写现在的。

⑦ 以前的行为管理论述：写出你对工作进行的评价，以及关于行为管理的事情。

⑧ 评估小结：对档案里所列的情况进行自我评估。

（2）现在的行为。

① 现时工作情况：应填写你现在的工作岗位、岗位职责等。

② 现时行为管理文档：做你现在的行为管理文档记录，可以在这里加一些注释。

③ 现时目标行为计划：设计一个目标，同时列出和此目标有关的专业、经历等。这个目标是有时限的，要考虑到成本、时间、质量和数量的记录。如果有问题，可以立刻同你的上司探讨解决。

④ 如果你有了现时目标，它是什么？

⑤ 怎样为每一个目标设定具体的期限？此处写出你和上司谈话的主要内容。

（3）未来的发展。

① 职业目标：在今后 3～5 年里，你准备在单位做到什么位置。

② 所需要的能力、知识：为了达到你的目标，你认为应该拥有哪些新的技术、技巧、能力和经验等。

③ 发展行动计划：为了获得这些能力、知识等，你准备采用哪些方法和实际行动。其中，哪一种是最好、最有效的，谁对执行这些行动负责，什么时间能完成。

④ 发展行动日志：写出发展行动计划的具体活动安排、所选用的培训方法，如听课、自学、所需日期、开始的时间、取得的成果等。这不仅是为了自己，也是为了了解工作、了解行为。同时，你还要对照自己的行为和经验等，写上你从中学到了什么。

PPDF 法操作起来十分方便、简单。PPDF 是两本完整的手册。当你希望达到某一目标时，它为你提供了一个非常灵活的档案。将 PPDF 的所有项目都填好后，交给你的直接领导一本，自己留一本，你将单独地和你相信的领导一同探讨你该如何发展、奋斗。

5. 得出结论

运用科学的评估方法，在对反馈信息进行分析以后，会得出最终结论。一般来说，只要每个步骤都依据客观事实来执行，得出的结论就比较正确，评估工作也就顺利完成了。

任务7.3　职业生涯规划的调整与修正

案例导入

小石的困惑

　　小石,女,23岁,本科,师范类中文专业毕业。性格文静,擅长文字不善口头表达,不善于与人沟通。毕业后从事中学语文教学工作。在两年的教学过程中,发现自己并不适合做老师,虽然具备相应的学历,但不具备老师应有的管理学生的能力,课堂上调动学生积极性的能力也不够,所带班级成绩并不理想,学校对其工作表现不是很满意,小石自己也很苦恼,希望能够从事发挥自己文字特长的工作。

　　从其性格特点分析,小石的确不适合教师职业。教师不仅需要相应学科的知识,更需要懂得如何管理学生、调动学生的积极性。文静、不善表达的小石虽具备专业的学历资质,但显然不具备教师应有的教学技巧。从其职业兴趣分析,小石希望发挥自己的文字特长,而中学语文教师一职缺少创意性,不是小石兴趣所在。作为教师的不成功,更导致小石苦恼、沮丧。小石应该转行,但转向什么行业? 转行的成功几率有多少? 通过分析发现,小石虽然不擅于管理学生,口头表达差,但文笔优美,文字能力强,其内心职业倾向也是希望发挥自身的文字能力,因而从事广告行业文案职务或媒体文字编辑类工作较为适宜。这些岗位对工作人员管理能力、口头表达能力要求不高,相对重视个人的文学创作能力,无须过多与人打交道,对小石来说,正好扬长避短,发挥优势,转行的成功概率也较大。

　　【评议】小石最初的职业生涯规划并不适合自己,因此必须进行修正或调整。这一问题表面上看是"择业"问题,实质是"发展"问题。重新择业也不再是简单地再找一份工作,必须按照自身性格、能力、特点和个人价值倾向,结合职场情况,准确定位适合自己长远发展的工作。小石作为师范类大学生,到中学教学似乎是顺理成章的事,然而实践中有太多例子表明,一个师范类毕业生并不一定就是一个称职的教师,小石在教师岗位上可以说很难成功,必须果断做出选择,重新择业,找一份真正适合自己发展的工作。

任务要求

职业生涯规划完成并实施后,我们必须对阶段性的结果进行评估,根据评估的结果找出规划与结果之间的差距,分析出差距产生的原因,并针对性地对计划进行修正、调整,并按新调整的方案有效地围绕目标行动。生涯目标实施方案的评估与修正可以按以下模式进行。

阶段目标	
实施结果	
存在的差距	
差距产生的原因	
修正措施	

相关知识

在对职业生涯规划实施结果进行阶段性评估之后,就要根据评估的结果进行目标和实施方案的修正。所谓修正就是改正、修改使其正确、优化的意思。

一、职业生涯规划的修正

1. 职业生涯规划实施方案修正的目的

(1) 决定放弃或者坚持自己的目标,并进行必要的调整。

(2) 明确影响实施效果的关键因素,对实施方案的合理性加以认识。

(3) 对需要改进之处制定调整计划,以确定修订后的实施方案有助于自己达到生涯目标。

2. 职业生涯规划实施方案修正的内容

以上问题的答案将作为修正新的职业生涯发展规划的参考依据,对职业生涯规划实施方案修正的内容包括:

(1) 职业生涯目标的重新选择。

(2) 职业生涯发展路线的重新确定。

(3) 阶段性职业生涯目标的调整。

(4) 职业生涯发展目标的调整。

(5) 职业生涯规划目标实施方案的变更。

（6）修正行动计划。

二、职业生涯规划调整

所谓调整是重新调配和安排，使适合新的情况和要求。职业生涯规划需要不断调整，一个好的职业生涯规划需要具备可行性，需要有实施计划的具体措施和时间。但是，职业生涯规划做得过细、过于严格，会束缚自己的手脚，可能丧失随时到来的种种机会，又会因为不切合实际而丧失可操作性。在影响职业生涯的许多因素难以预料的情况下，要使职业生涯规划行之有效，就必须使它具有足够的弹性，在实践中不断进行评估和调整。这就需要在实践中定时定期地去检验目标完成的情况和评估环境的变化，从而作出正确的调整。

1. 职业生涯规划调整的依据

在职业生涯发展的过程中会出现这样或那样的问题，如当与社会发展发生冲突时、当与职业发展发生冲突时、当与个人兴趣爱好发生冲突时，职业生涯规划本身就要在发展中适时地再调整。所以，当学生在学习工作中出现以下问题时，职业生涯规划需要调整。

（1）怀疑自己不合格。如果自己工作学习感到痛苦，这可能是自己表现不佳而又不愿正视问题。因此应该扪心自问：自己到底做得如何？可以请老师对自己的表现作一个评定，以确定是否仍符合他的要求，或是请教一位精明且诚信的同学，让他为自己作一个非正式的评估。

（2）学习或工作过于轻松。如果自己闭着眼睛都能学习工作时，这可能表明自己的能力已远远超越现有的职位而本人却不知道。这时可以问自己几个问题：仍然能够从工作中学习别的东西吗？想进一步发展自己正在使用的技能吗？

（3）与老师不合拍。一种较好的测试方法是：自己在老师身边时感觉如何？是自在放松还是紧张不安？

（4）与同学不合拍。可以问问自己：当自己与同学交往时，是否觉得格格不入？是否对引起他们兴趣的话题感到乏味和无聊？如果是这样的话，那自己可能已陷入一个无法展现自己的环境。

2. 职业生涯的调整定位

职业生涯定位不仅仅是身在职场人的事情，大学生的职业生涯定位比已在职场人的职业定位要来得更为重要。在职业生涯发展的初期，就应该给自己制定出合理的职业生涯规划以及相应的职业定位，并不断地加以调整。

成功的职业生涯需要不断地调整定位，而一个合理的职业生涯定位则基于对自己有一个清晰的认识、准确的判断和合理的把握。只有讲求实际，合理准确地评估自己,并不断地加以调整,才能合理定位职业生涯方向,才能每天朝着这个方向努力前进。

　　随着社会生产力的进步和社会分工的高速发展,职场需要也在发生着迅速的变化。大学生要学以致用,学以够用,必须随时关注职场发展,调整职业方向,弄清职场供求变化规律。补充达到目标所需措施,修正职业生涯发展规划,紧随时代,紧随市场,才会以聪明才智和良好的职业素质,为自己今后的职业生涯开拓出宽广而又通畅的发展道路,将职业生涯发展机遇牢牢掌握在自己手中。

学习评价与反馈

任务	存在的问题	改进措施

收获与感悟:

指导教师评语:

教师签名:

课外实践活动

举行职业生涯规划比赛,可邀请业界资深人士、校内职业指导任课教师作评委,在教师的指导、业界资深人士的点评下,学生通过比赛可将职业生涯规划不断地进行评估、调整、修正。

第6章　求职过程模拟演练

学习目标

（1）认知目标：明确求职及其过程的含义、特点；理解和掌握求职的基本方法和技巧，树立正确的求职理念。

（2）技能目标：正确撰写求职需要的各类文稿，学会运用面试与笔试技巧。

（3）态度目标：合理评价第一份工作的意义，正确对待招聘过程中的各种客观现象，保持积极的求职心态。

任务6.1　就业准备训练

案例导入

就业能力尚须打造

在学校举办的小型招聘会上，毕业生小张的父母亲在招聘会尚未开始时，就早早地来到会场了解各用人单位的情况。招聘会开始很久以后，小张才姗姗而来，在父母的陪伴下到用人单位的摊位前面谈。面谈过程中，小张咨询的言谈还没有其父母多，结果谈了一家又一家，最终一无所获。

【评议】小张的问题出在择业过程中过分依赖他人。其实，依赖他人是难以选择到一份满意工作的。现在的毕业生中，独生子女所占的比例越来越大，这一群体的生活一帆风顺，没有经历过什么波折，再加上父母亲的过分呵护，客观上就养成了依赖心理。这些毕业生大多缺乏主见，自我意识模糊，在择业中常会茫然不知所措,自己独立进行择业决策的能力尚须时日来打造,以致在人才市场上,父母代替子女、亲友代替本人与用人单位洽谈的场面屡见不鲜。难怪有的用人单位对依赖性过强的毕业生说:"你本人都要靠别人来推销,企业还能靠你来推销产品吗"?

任务要求

根据毕业院校实际毕业流程,完成毕业生离校模拟演练。

(1)向学校询问毕业、结业、延长学业等情况。如不能毕业,要按要求做好申请或登记手续。

(2)落实工作单位、签订就业协议书。

(3)参加毕业前体检。

(4)向有关部门交清所欠学费、重修费、教材费等,向学校出示发票,证明已交清费用。

(5)向图书馆归还图书、上交借阅证并盖章(以盖章为准)。

(6)接受助学贷款者要与银行签订贷款确认书(由学生处统一组织)。

(7)按学生社区管理中心要求办理有关离校手续,并凭证明交学校审核。

(8)填写特快专递信封,以便及时寄送"三证"等材料。

(9)办理党团组织关系转移证明,由各学院(系)统一办理。

(10)按学校要求办妥有关离校手续(上交学生证等)。

相关知识

一、就业的精神准备

1. 树立良好的就业意识

进行就业准备是为了能够从事某种职业,承担起某种职务。在就业准备的过程中,准备者不仅应具备相应的知识、能力和技能,进行生理和心理方面的准备,还应了解社会中职业的性质和价值,掌握一定的职业知识、树立良好的就业意识。处于就业准备期的大学生,树立良好的就业意识,是就业准备的重要内容,它会对大学生的择业和就业产生十分重要的影响。当今的大学生应该树立按专业就业的意识,大对口就业的意识,到艰苦行业、边远地区就业的意识,先就业后调整的就业意识等。

2. 确定合理的就业目标和择业标准

所谓合理的就业目标,就是指选择的职业既要符合个人的特点,也要符合社会的需求,体现人与岗位的合理匹配,方能实现充分运用自己所学的知识、发挥个人优势、多为社会做贡献的就业目标。大学生合理的就业目标主要包括两个方面:一是就业的主要目标。对于一个特定专业的大学生,在目前的就业形势下,最大的可能是从事与所学专业相关的职业。因此大学生应把能充分运用自己所学专业知识的职业作为自己就业的主要目标,这既符合学校教育的培养目标,又能充分运用自己的专业知识,发挥专业特长。二是就业的次要目标。次要目标是由社会职业结构的不断变化,相应地对人才的需求随之变化所决定的。实现次要目标要求大学生在学好专业知识的同时,根据自己的兴趣、爱好,利用课余时间,通过自学等途径,学习有关知识,培养能力,确定与自己兴趣、爱好相一致的就业目标。要确定合理就业目标,还要求大学生合理调整就业期望值,优化自己就业的心理坐标。

3. 做好心理准备,尤其是抗挫折的心理准备

当前,由于受多种因素的影响,一些大学生在就业中存在某些不健康心理,特别是当自己的就业现实与职业理想存在一定距离时便产生自卑或恐惧,产生某些不健康的心理;一是自负心理。这是大学生的一种优势心理。二是迷惘心理。当所学专业与社会需求不尽吻合时感到无所适从。三是逃避心理。在"双向选择"时,发现自己的知识不能适应社会的需求,于是追悔、逃避,对就业失去信心和勇气。四是消极心理,由于不能正确认识和分析就业中的不合理现象,而感到失望。因此,大学生在就业准备的过程中,要注意调适自己的心理障碍,保持健康的心理。要使自己有一个健康的心理,首先要进行自我调节,充分相信自己,看到自己的优势、前景,减轻心理负荷,保持良好的精神状态。其次要做好充分的心理准备,树立正确的择业观;看问题不要极端化;处理好自我价值实现与社会需要的关系。

二、就业的物质准备

1. 身体素质准备

无论哪一种职业,对从业者的身体素质都有一定的要求,不少职业对从业者身体素质的要求还比较高。所以,大学生应该始终养成良好的生活习惯,积极参加体育锻炼,自觉遵守作息时间,形成学习和生活的规律,作好身体素质的准备,以迎接社会对自己的选择和职业要求的挑战。

2. 知识、能力和技能准备

一切职业都要求从业者具有相应的知识、能力和技能。知识是人类认识的成果,是培养能力和提高技能的基础。知识可分为专业知识和一般常识。前者指从

事某种专门职业或进行的某种特殊活动所必备的知识,后者指人的日常生活或一般活动所需要的普通常识。知识是大学生就业的基础条件,能力则属于个性心理特征的范畴。能力可分为一般能力和专业能力。

一般能力指:

(1) 自学能力,如阅读、使用工具书、利用文献信息资料、独立思考等方面的能力。

(2) 表达能力,主要有口头的和书面的、图表和数字的表达能力。

(3) 环境适应能力,如独立生活、人际交往、应付挫折、独立工作等能力。

(4) 创造能力,如从事科研活动、提出新见解、新发明等。

(5) 自我教育能力,如自我评价、自我监督、自我管理等。

(6) 管理能力,即人的管理和技术的管理等。

(7) 动手能力,如具体的操作能力。

专业能力因专业的不同,有不同的内容和要求。但无论学什么专业的大学生,都要具有一定的专业能力,在就业准备期应该做到:学好专业知识,参加有关的科技活动和科研活动,结合专业参加社会实践活动,认真进行专业实习,认真做好毕业设计和论文等。

三、毕业后的其他准备

1. 毕业后档案的存放

学校在七月份放假之前(一般在七月中旬)会将毕业生的档案寄到各用人单位的当地调配部门或人才交流中心(学校会把毕业生档案寄至毕业生报到证抬头所指的单位,毕业生自己必须清楚)。

根据经验,最好将档案转递给各地人才交流机构,因为该机构是管理档案的专门机构。档案存放在人才交流中心,既安全又方便。但在档案转递时要注意几点:

(1) 在没有搞清楚用人单位是否具有人事主管权之前,不要把档案转入该单位,应该把档案转递到这个单位所在地的人才交流中心去。

(2) 要询问清楚用人单位的性质,如果是国家机关、国有事业单位、国有企业,他们或他们的主管单位是有人事管理权的,可以接收档案。其他各类非公企事业单位、各类民营机构是无人事管理权的,要通过人才交流中心来接收学生,学生的档案要放到人才中心去。

(3) 档案的转递是有规定程序的,在离开学校之前最好弄清楚你的档案在什么时间被转到哪个地方去了。毕业生到工作单位报到后,应及时与学校联系。因为在现阶段,主管学生分配的单位没有统一,有人力资源与社会保障局、人才交流中心、教育局、专门的分配办公室等，比较乱。而且档案转进转出比较麻烦，最好一步到位。

（4）如果毕业生在放假前还没有找到工作，其档案将被派回生源所在地的县级人才中心。

特别提醒： 个人档案是记录一个人的主要经历、政治面貌、品德作风等个人情况的文件材料，起着凭证、依据和参考的作用，在个人转正定级、职称申报、办理养老保险以及开具考研等相关证明时，都需要使用档案。而且，随着人事服务工作的发展，个人档案的作用会越来越重要。因此，千万别把档案不当回事，甚至忽略、遗弃档案。

2. 毕业后户口的落放

毕业生户口关系的转移，由学校户口管理部门到辖区公安机关按规定办理，公安机关按《报到证》上标明的就业单位地址迁移户口。毕业生不得自行指定迁移地址。领到户口迁移证后，毕业生应仔细核对并妥善保管，不要折皱污损，更不能丢失，有错漏不能自行涂改，否则作废。到工作单位报到后，持户口迁移证和报到证及工作单位证明到辖区公安部门办理户口迁移手续。

特别提醒： 毕业生户口关系应在户口迁移证规定的时间内落实，否则会因过期，毕业生需要自己到迁出地派出所重开。

3. 毕业生的报到

学校会给每个毕业生发放就业报到证，报到证全称为"全国普通高等学校本专科毕业生就业报到证"，由教育部印制，省级高校毕业生就业管理部门签发。报到证是毕业生就业十分重要的衔接手续，毕业生须持报到证在规定的时间内到用人单位报到，用人单位凭报到证办理接收毕业生的有关手续。

特别提醒： 报到证是一人一份，由其他部门印制或签发的报到证无效。毕业生对报到证要妥善保管，不论什么原因，凡自行涂改、撕毁的报到证一律作废。毕业生去报到时除了要带上报到证外还需要毕业证、学位证、户口迁移证等材料。

四、就业准备训练的重点

职业能力是人们职业生涯中除岗位专业能力之外的基本能力，它适用于各种职业，能适应岗位不断变换，是伴随人终身的可持续发展能力。在我国大陆和台湾地区，也有人称它为"关键能力"，中国测评协会的技能测评体系中称为"软技能"；香港称为"基础技能"、"共同能力"等。从职业能力的内涵和特点来分，职业能力可分为方法能力和社会能力两大类：

1. 方法能力

方法能力是指主要基于个人的,一般有具体和明确的方式、手段、方法的能力。它主要指独立学习、获取新知识技能、处理信息的能力。方法能力是劳动者的基本发展能力,是在职业生涯中不断获取新的技能、知识、信息和掌握新方法的重要手段。职业方法能力包括:"自我学习"、"信息处理"、"数字应用"等能力。

2. 信息处理能力

信息处理就是对信息的接收、存储、转化、传送和发布等。随着计算机科学的不断发展,计算机已经从初期的以"计算"为主的一种计算工具,发展成为以信息处理为主的,集计算和信息处理于一体的,与人们的工作、学习和生活密不可分的一个工具。信息处理能力包括获取信息的能力、整理信息的能力、传递信息的能力、开发信息的能力,展示信息的能力等。

3. 数字应用能力

数字应用能力是中国人力资源和社会保障部在《国家技能振兴战略》中提出的八项核心能力之一。数字应用能力是指根据实际工作任务的需要,具有对数字进行采集、整理与解读,对其进行计算与分析,并在此基础上从解决问题的多种方程中进行选择和给出一定评价的能力。数字应用能力是从事任何职业或在社会生活中必备的一种方法能力。

4. 社会能力

社会能力是经历和构建社会关系,感受和理解他人的奉献与冲突,并负责任地与他人相处的能力。它是指与他人交往、合作、共同生活和工作的能力。社会能力既是基本生存能力,又是基本发展能力,它是劳动者在职业活动中,特别是在一个开放的社会生活中必须具备的基本素质。职业社会能力包括:"与人交流沟通"、"与人合作共事"、"解决问题"等能力。

任务 6.2　求职方法与技巧训练

案例导入

择业目的要明确

张女士的女儿刘洁就要大学毕业了。这是张女士一家生活中的一件大喜事。

不过,张女士似乎一点也高兴不起来,尤其怕同事谈及"闺女工作定哪了"之类的话题。因为,都到这节骨眼儿了,女儿刘洁找工作的事,一点眉目也没有。张女士告诉记者,自己心里最不痛快的,是女儿把没找到工作的原因归结在了她这个母亲的身上:"大三的时候,我本来要去实习,你非要让我为考研做准备。结果,考研没考上,实习也没去。现在找工作,都要求有工作经验,我没实习,哪有工作经验去"。

【评议】不少大学毕业生其实和刘洁一样,因为缺乏工作经验而被困在了从迈出大学校园到步入社会就业的路上。用人单位对求职大学毕业生提出的"要具备一定工作经验"的要求,正让许多大学生频频遭遇这样一种怪圈:找工作必须要有工作经验,要有工作经验又必须先工作。这就好比那个被人们当作调侃的"鸡蛋"怪论——到底应该是先有鸡后有蛋,还是先有蛋后有鸡?

实践表明,破解"鸡蛋"论怪圈,一方面需要大学结合用人单位的现实需求设置课程;另一方面,也需要大学毕业生摆正心态,即便初次就业时的岗位未能称心如意,也需要抱着先就业后择业的态度,尽早找到一份工作。

任务要求

(1) 安排学生根据自身实际情况,用 5～10 分钟,对自己进行简要介绍。

(2) 有 PPT 辅助讲解。

(3) 内容要包含自己幼儿时期至大学。

(4) 在讲述过程中,体现出自身的优缺点。

(5) 着装要正式。

相关知识

一、求职技巧训练概述

(一)求职技巧训练的意义

求职技巧训练有利于个人社会化,增强求职者的社会适应能力;有利于求职者做出明确的求职选择,从而在很大程度上避免求职过程中的主观性和盲目性;有利于求职者树立正确的职业观,更大限度地促进身心健康和个性发展。求职是一个双向的过程,求职者对职业进行选择,同时,职业也对求职者进行严格的选拔。求职成功与否取决于双方的需求是否能够达成一致。求职是目的,技巧是前提。因此,求职者在求职过程中遵循一定的原则、运用一定的技巧来促成双方的相互了解与统一,具有非常重要的意义。

（二）求职技巧训练的必要性

1. 就业形势严峻

国内劳动力市场仍处于供大于求状况,就业形势不容乐观。人力资源和社会保障部同时发布了全国 78 个城市劳动力市场供求状况信息,用人单位通过劳动力市场登记招聘各类人员的数量远远小于进入劳动力市场求职的人数,劳动力总量供大于求。

2. 就业模式发生根本性变化

随着改革的不断深入,传统的、单一的就业模式,再也不能适应和满足新形势下劳动力就业市场发展的需要,其特点是:

首先,计划模式转为市场配置。在单纯计划经济时期,用工制度是按政府计划分配。这种体制下,职业是分配的,就业者处在被动地位,就业者工作相对稳定,固定职业可长久不动,求职者"跳槽"也是比较困难的,求职也无从谈起。而当计划经济体制改革以后,用工的计划模式也必然随之转变,这就是在市场经济条件下,劳动力资源由市场配置,这种体制下,求职者处于主动地位,须努力去谋求职业。

其次,单方主宰改为双向选择。计划经济体制下,劳动用工,政府分配,对于就业者来说,就业的决定权都由政府单方主宰,就业者处在从属和被支配地位。而在新的体制下,实行的是用工双向选择,雇主与求职者"雇"与"被雇"的关系是灵活的,"炒"与"被炒"的对象是不确定的,求职者的地位具有双重性。

由此可以看出,就业模式发生根本性变化,就业形势变得更加严峻,求职者的求职之路会变得更加坎坷,要想在激烈的社会竞争中获得自己的一席之位也会变得更加不易,因而对求职者来说,掌握一定的求职技巧是非常必要的。

二、求职技巧训练方法

（一）求职前心态准备的训练

1. 训练与指导求职者进行自我评定的技巧

自我评定能使求职者多层次、多角度地了解自己,从而调整好自己的求职心态。

（1）训练与指导求职者进行自我总结:对求职者过去和现在的情况进行评价:①过去的情况（影响自己的关键人物、关键事情、曾经的理想等）;②现在的情况（学习情况、自己的优缺点、兴趣爱好、周围人对自己的评价、人生观、价值观、未来的理想等）;③结合过去和现在进行目前情况的评价。指导求职者对自己进行"自我满意度"测试（内容为:目前的形象与环境氛围、专业水平和能力、生活方式、未来发展的实力等),并对期望值进行检验,看看是否定的过高或过低,并进行调整。

(2) 训练与指导求职者进行自我发掘。通过上一步总结,进一步指导求职者进行深度挖掘,发现有利于未来发展的品质:①明确自己的优缺点,根据结果指导求职者进行自我调整;②了解自己的个性,主要有能力(语言表达、动手、领导协调、计算、逻辑推理、分析能力等)、兴趣(艺术、科学、销售兴趣等);③找出求职过程中困扰求职者自己的问题。

(3) 训练与指导求职者确定自己的职业自我观。通过自我评定,让求职者充分了解自己的就业心理。指导求职者通过理性的自省,确定自己的职业起点和归属,明确方向,最终找到适合自己的职业。

2. 指导求职者调整好自己的心态,并要依法办事规范谋职

(1) 调整好的心态。知己知彼,根据形势分析与自我定位;乐观自信,始终保持"胜不骄,败不馁"的心态;志存高远,把自己的择业与国家的需要和生活的发展联系起来,放眼未来的发展。

(2) 遵循就业规范。求职者在求职过程中如果不了解国家有关就业的政策法规,就会造成丧失就业的机会,因此指导求职者学习相关政策并依法择业是十分必要的。

(二) 求职技巧训练的原则

(1) 客观性原则。用人单位的情况具有客观性,在一定时期内,其基本条件、单位规模、地理位置、业务范围、薪酬待遇等是相对稳定客观存在的;求职者的基本情况具有客观性,包括学历、技能心理特征等;劳动力市场具有客观性,一定时期内的供求状况是客观存在的,它不以个人偏好和单位主观招聘而改变。为此,求职者应遵循这一原则,展开训练。

(2) 针对性原则。这是做好求职技巧训练应始终遵循的原则,每个求职者内、外在条件有很大差异,其求职历程及发展潜力无疑也会有很大不同。因此,求职技巧的训练完全是个性化的技术过程,没有统一的定式,需要结合个体的具体特点进行指导与训练。如求职的大学生,其行动领悟能力和接受能力都很强,所以针对这些特点,求职技巧训练与指导重点应放在表达能力、思考判断能力等方面。

(3) 可操作性原则。求职技巧的可操作性,主要包括目标的现实性、技巧实施的可行性及效果的显现性三个方面。个人求职目标的设立是建立在个体现实条件的基础上,是对个体现实资源的真实评估和科学预期,是可以达到的,而不是追求漫无边际的空想。求职技巧训练的计划是很具体的,是依据求职者的现有能力可以完成的。求职技巧在求职过程中合理运用产生的良好就业效果是显而易见的。

如,求职过程中技巧的运用也体现在简历上,简历主要叙述求职者的客观情况,浓缩求职者生活的精华部分,将相关的经验、业绩、能力、性格等简要地列举出来,以达到推销自己的目的。训练时要包括:简历的一般内容、撰写简历时的注意事项及技巧,这一切都是具体可操作的。

(4)全程性原则。求职技巧的训练必须贯穿求职的全过程甚至求职者找到工作后一段时间内。对于一些训练过程中表现优秀的大学生求职者,最好进行跟踪指导,从而解决就业过程中即将遇到的问题,保持大学生就业的稳定性。此原则从理念上体现了以人为本的精神。

(5)系统性原则。求职技巧的训练、指导和具体实施要系统进行。指导者的工作及相关教材应纳入正规的体系之中,进而才能对求职者进行系统的训练与指导。

(6)科学性原则。求职技巧的训练与指导具有科学性,掌握这一原则的目的同时也是让求职者学会科学求职。达到同样的目的,有不相同的策略和途径。如果说就业岗位是一个理想的殿堂,求职技巧则是打开殿堂的钥匙,求职技巧训练就是要使求职者科学地使用这把钥匙。

三、求职技巧训练的方法实施

首先对需要进行求职技巧训练的求职大学生组织起来进行登记,然后按人数的多少、素质的高低、训练内容、计划、采用的方式进行训练。个别训练法控制在 6 人以内,集体训练法控制在 20 人以内,然后按计划实施训练。

(一)故事叙说法

这是一种协助求职者进行自我评定的方法,用于帮助求职者了解自己真实的自我,破除求职过程中存在的种种心理障碍。在这个方法的实施过程中,指导者不再是为求职者解决问题,而是协助其以说故事的方式,沉浸在故事的情节中,充实故事的内容。指导人员需要运用适当的方式帮助求职者找出存在的思想误区,通过设定新的故事线索,唤起其改变的内在动力。

1. 讲授法

主要在课堂上对训练内容进行讲解,令求职者明白一般的道理,掌握一定的理论知识,便于以后的训练学习,此方法适用于训练的开始。

2. 角色扮演训练法

角色扮演多用于改变受训者的不良行为和进行社会技能训练。角色扮演可以说是对现实生活的一种重复,又是一种预演。在角色扮演过程中,受训者可以改变自己的原有行为或学习新的行为,进而改变自己对某事物的看法。角色扮演的具体步骤如下：

(1) 问题及情景说明，即对一件典型事件加以具体说明。

(2) 角色分配，由受训者扮演自己，训练者扮演配角。

(3) 训练者给出指导语，要求扮演者要像真实的情况一样扮演，要带着自己的问题进行扮演。

(4) 信息反馈，扮演结束后，训练者要给受训者必要的反馈，指出受训者做得好的方面，不足的方面以及如何改正等。

(5) 模仿学习，受训者接受训练者的意见练习新的行为。

(6) 扮演结束，训练者要对受训者新的适宜行为进行强化，并鼓励他应用到生活实践中去。

3. 观摩法

(1) 现场观摩：这种训练方法是组织受训人员参加各种小型洽谈会，观摩受训者与用人单位的面谈情况，及时了解受训者在这个过程中存在的问题，以便进行针对性指导。

(2) 影视资料观摩法：这种方法是通过组织受训者观看有关的招聘面谈的典型指导案例，直接学习到许多规范的指导行为和方法。

4. 群体指导训练法

这种方法是将有共性的求职群体集中起来，由训练者通过讲课的方式就共同关心的问题进行讲解与指导，并可以组织 4～6 人为一组进行研讨，进而巩固学到的求职技巧。

综上所述：求职技巧训练的作用，对求职者的影响是很大的，而且关系求职者求职、就业和发展的全过程，因为每个环节都是相互依存、相互促进的辩证统一关系，又是具有连锁反应的有机联系体。因此，了解常用的求职技巧，并能在正确理论的指导下，多学、多练、多实践，求职之路会变得不再那么艰辛。

任务 6.3　面试与笔试技巧训练

案例导入

知 己 知 彼

张强在大学时就听人说就业不容易，所以毕业前就投了很多简历，可都没有结果。后来好容易盼来两家面试机会,可是,都因没有受过面试辅导,面试出了问题。自己感觉明明不错,可就是没通过。于是找到职业顾问进行咨询,才知道这里面有很多学问。于是在做了职业生涯规划之后又参加了面试辅导,从头到尾对面试前、面试过程、面试之后的所有要求、做法和问题接受了全方位辅导,又针对专业和职位进行了场景训练。再次面试时,心态也非常好,信心十足、面带微笑、语气和缓、应对自如,不但顺利通过面试,还得到面试官赞许的眼光和点头。张强高兴极了,因为他终于用专业求职者的姿态,在众多竞争者中脱颖而出,进入了一家著名的外资公司,在同学中最先找到了合适自己的工作。

【评议】面试,就是当面考试,谁懂得要领,谁就拿到加试分,谁就容易拿到高分,谁就最先通过。你在整个发简历、面试过程中要全套专业,这样才能击败对手,实现求职目标。

任务要求

（1）根据角色扮演的方法设计一个模拟面试情景,场景要求。

（2）安排学生扮演3～5名面试官和1名面试者。

（3）虚拟企业背景和应聘职位。

（4）要求正式着装参与面试,面试官轮流提出问题,一次面试结束后,转换角色,使学生在面试官和面试者两种角色之间转换。

相关知识

一、笔试

（一）笔试资料的准备

笔试是一种常用考核办法,目的是考核应聘人员的文字能力、知识面和综合分析事物的能力。

目前常见的笔试种类主要有:

1. 专业能力考试

该类考试主要是检验应聘者担任某一职务时是否能达到所要求的专业知识水平和相关的实际能力。近年来,大学毕业生热衷报考的国家机关公务员资格考试,其笔试包括的《行政职业能力测验》、《申论》就属于这类考试。此外,招聘行政管理、秘书方面工作的单位对应聘者文字能力的测试,部分单位对某种计算机语言有较高要求时对语言编程能力的测试,或者为检验毕业生实际工作能力或专业技术能力,进行的专业技术能力考试,都属于这一范畴这种考试往往在特意设置的工作环境中进行。如下述例子:

(1) 阅读一篇文章,写读后感。

(2) 自编一份请求报告或会议通知。

(3) 听了几个人的发言后,写一份评价报告。

(4) 某公司计划在 5 月份赴日本考察,写出需要做哪些准备工作。

(5) 给一个科研题目,写出科研论文的详细大纲。

从考生的答卷中可看出其文字表达能力以及分析问题能力和逻辑思维能力等。

2. 智商和心理测试

该类测试主要为一些著名跨国公司所采用,它们对毕业生所学专业一般没有特殊要求,但对毕业生的智力、心理素质要求较高。在他们看来,专业能力可以通过公司的培训获得,因此有没有专业训练背景无关紧要,但毕业生是否具有不断接收新知识的能力是至关重要的。

智商测试并不神秘。一类是图形识别,比如一组有四种图形,让考生指出其相似点和不同点。另一类是算术题,主要测试考生对数字的敏感程度以及基本的计算能力,比如给定一组数据,让考生根据不同的要求,求出平均值。其难度绝超不过对中学生计算能力的要求水平。

心理测试是用事先编制好的标准化量表或问卷要求考生完成,根据完成的数量和质量来判定其心理水平或个性差异的方法。一些特殊的用人单位常常以此来测试求职者的态度、兴趣、动机、智力,个性等心理素质。

3. 综合能力测试

该类测试兼有智商测试的要求,但程度更高,比如,考生要在规定的时间内对一组数据、一组资料进行分析,找出其合理的地方和存在的问题,并设计出解决问题的方案。这是对考生阅读理解能力、发现问题、分析和解决问题的能力知识面等素质的全方位测试,甚至有时候问答是都是用英文进行,相对来说难度更大一些。

(二) 了解笔试重点,掌握复习方法

用人单位的笔试重点是常用的基础知识,所以在笔试时,要注意以下三点:

首先,对大学专业知识进行必要复习是笔试准备的重要方式。一般说来笔试都有大体的范围,可围绕这个范围翻阅一些有关图书资料,复习巩固所学过的课程内容,温故知新,做到心中有底。

其次，不要把复习重点放在难点、怪题上，要把基础知识掌握好，在实际运用上下工夫；不要死记硬背几道题，笔试出题量较大，覆盖面广，其用意在于全方考查考生知识掌握的程度与临场发挥的应试能力。

第三，知晓笔试目的，在提高综合能力上下工夫。用人单位对求职者进行笔试，不仅考查文化、专业知识，而且考查求职者的心理素质、办事效率、工作态度、修辞水平、思维方法等。所以求职者在复习时，一定要在综合能力的"临阵磨枪"上做出"最后冲刺"前的努力。多看些以往笔试的真题和模拟题，并能做到"触类旁通、举一反三"。通过这样的联想式复习，争取在短时间内将自身的认识水平、知识水平和能力水平有一个大的提升。

（三）笔试技巧

（1）增强信心。笔试怯场，大多是缺乏信心所致。要客观冷静地对自己进行正确评估，克服自卑心理，增强信心。临考前，一要适当减轻思想负担，二要保证充足的睡眠，三要适当参加一些文体活动，从而使高度紧张的大脑得到放松休息，以充沛的精神去参加考试。

（2）临场准备。提前熟悉考场环境，有利于消除应试时的紧张心理。还应仔细看看考场注意事项，尽量按要求做好。除携带必备的证件外，一些考试必备的文具（钢笔、橡皮等）也要准备齐全。

（3）科学答卷。拿到试卷后，首先应通览一遍，了解题目的多少和难易的程度，以便掌握答题的速度，然后根据先易后难的原则排出答题的顺序，先攻相对简单的题，后攻难题。这样就不会因为攻难题而浪费太多时间，从而没有时间做会答的题，遇到较大的综合题或论述题，则应先列出提纲，再逐条论述。

试卷答完后，要进行一次全面复查，特别注意不要漏题、跑题。要纠正错别字、语法不通、词不达意等错误。值得特别注意的是卷面必须做到字迹端正、卷面整洁。因为招聘单位往往从卷面上联想应聘者的思想、品质、作风。字迹潦草、卷面不整的人，招聘单位先不看你答的内容，单从你的卷面就觉得你不可靠；而那些字迹端正、答题一丝不苟的人，招聘单位认为你态度认真、作风细致，对你会更加青睐。

二、面试

（一）面试及其准备

面试是用人单位招聘员工时最重要的一种考核方式。面试是供需双方相互了解的过程。面试是一种经过精心设计，以交谈与观察为主要手段，以了解应聘者素质及有关信息为目的一种测评方式。为了获得所求的工作，求职者应该充分做好面试的准备,在面试中适度地表现自己,要善于展示自己的知识、能力、特长、性格等情况,给招聘者留下满意的印象,争取最后的胜利。

对应聘者而言,了解面试官的出题背景、真实意图至关重要。应答思路就是:不管哪一类的刁钻问题,不管有多少变化,都是想了解求职者的真实情况。具体来说,在刁钻问题的背后,目的都不外乎是考查求职者的以下几个方面:①能力与适应性;②对领导的服从性;③独立工作能力与团队精神、职业作风、处理困难问题的能力,在紧张和不舒适的环境下,会有什么反应。要想在压力面试中胜出,只能交锋时斗智斗勇,奋战到底。以不变应万变,始终面带微笑,沉着应答,识破陷阱内幕,巧妙迂回作战。

(二)面试评分要点与要注意的问题

1. 面试评分要点

(1)表达能力。用人单位一般观察求职者能否将要向对方表达的内容有条理地、完整地、准确地转达给对方;引例、用语是否确切;发音是否准确,语气是否柔和;说话时的姿势、表情如何。作为被试者在面试时应注意以下几点:①谈话是否前后连贯;②主题是否突出;③思路是否清晰;④说话是否有说服力。

(2)思考判断能力。用人单位一般观察被试者能否准确、迅速地判断面临的状况;能否恰当地处理突发事件;能否迅速地回答对方的问题,且答案简练、贴切。作为被试者应在准确、迅速、决断方面重点准备。对自己的判断应该有信心,还要分析对方是逻辑判断还是感性判断。

(3)操作能力。用人单位主要在于考察对方对于已认定的事情是否进行下去;工作节奏是否紧张有序;对于集团作业的适应性;是否具备组织领导能力。这样,被试者就应该强调自己的动手能力和写作能力,对于想到的事尽量明确地表达出来。

(4)德行。用人单位主要在于考察对方责任感是否强烈;能否令人信任地完成工作;考虑问题是否偏激;情绪是否稳定;对于要求较高深的业务能否适应。被试者回答时应该突出自己的自信心,坚强的意志,强烈的责任感,很强的与人交往能力,以及有预见性和计划性。

(5)态度。用人单位主要在于观察被试者遇到难堪问题后的反应,能否让人亲近,对他人有无吸引力等。被试者应该注意着装得体,举止文雅、大方,表情丰富,回答问题要认真、诚实。

2. 面试中常提出的问题

①介绍你自己及你的家庭;②你有什么优缺点;③你是否有出国、考研生等

打算;④你有什么特长和爱好;⑤你对自己的学习成绩是否满意;⑥你如何评价你的大学生活;⑦你懂何种语言、熟练程度如何;⑧你担任过何种社会工作,组织或参加过什么社会活动;⑨你为什么应聘本单位;⑩你找工作重要的考虑因素是什么;⑪你认为你适合什么工作;⑫如果单位的安排与你的愿望不一致,你是否愿意服从;⑬如果工作安排与你的专业无关,你怎样考虑;⑭如果本单位与另一单位同时要聘用你,你如何选择;⑮你还有什么想问的。

3. 面试中要注意的问题

①要准时到,不要迟到;②要表现自然、大方,不要过分拘谨、谦恭、紧张;③要态度友善、积极,不要态度生硬或过分悲观;④要主动参与,不要被动回答、冷淡、无话可说;⑤要精神焕发、充满活力,不要精神猥琐、懒散;⑥要言简意赅,不要滔滔不绝、炫耀口才;⑦要回答准确,不要答非所问、不着边际;⑧要温文尔雅、有教养,不要言语粗鲁、举止夸张;⑨要耐心倾听别人意见,不要打断别人说话、急于表现自己;⑩要集中注意力,不要东张西望;⑪要穿着得体,不要衣冠不整、过分打扮;⑫要提问富有建设性意见,不要刻薄、随意或提不出意见;⑬要自我表现适当,不要处处强调自己的优点、过分卖弄才干;⑭要有幽默感,不要言语枯燥或故作幽默、刻意引人发笑;⑮要突出谈工作方面的事,不要对待遇斤斤计较。

(三)面试技巧

1. 答题技巧

每一位求职者,最大的困难就是如何回答面试官提出的问题了。对于没有任何求职经验的大学生来说,总认为面对面试官的提问,会防不胜防,被问个措手不及。但实际上,面试官的提问并没有那么可怕,虽然各家用人单位的问法五门、千变万化,但万变不离其宗,提出的所有问题都有其清晰明确的目的,所谓"运用之妙,存乎一心",其实如果能够好好准备,掌握了常规的方法技巧,抓住面试中的得分点,加上临场镇定的表现和充分发挥,针对不同类型的问题,能以不同的方式应答。在灵活机动应对各种提问的同时,还能推销自己,就会轻松过关、马到成功。下面,结合一些具体问题来看一下答题要领和技巧:

问题1:当你被安排做一件事情,主管你的一把手和主管副手意见不一致时你怎么办?

这类问题可以判断出应聘者对自我要求的意识及问题处理的能力,这既是一个陷阱,又是一次机会。对于一个工作了几年的人来说,也是个头痛的问题,何况是个涉足未深的大学生。回答时,出发点必须站在领导的角度和对工作负责的态度回答:"作为具体执行工作任务的我来说,我会服从上级的安排,并尽快做好。本着对工作负责的态度,我会从实际工作的具体情况,给上级以必要的信息和提醒。并分别与两位领导在没有别人的情况下,说出该领导和另一位领导意见的合理地方,并综合他们的合理之处说出我对这个问题的建议,让他们都能考虑实际情况和对方的意见,并欣然接受我的想法。"这样,面试官会觉得考生有责任心、有头脑,还服从领导。

问题2:你是学生物的,为什么不去做生物和医药?

这个问题提得很尖锐,迫使考生不得不暴露自己在专业上的弱点。考生可以这样回答:"我虽然学的是生物专业,但我更喜欢计算机,在校期间,我经常自学这方面的知识,而且两年前,就拿到高级程序员证书。职业测评的诊断结果是我做销售比较合适。我性格开朗,亲和力强,所以,我认为我完全胜任贵公司的计算机市场开发工作。"这样,既没有说到对生物不感兴趣、没有学好专业等缺欠,又把咨询师给的合理建议端出,使面试官引起重视。

问题3:谈谈你人生旅途中最大的成功和失败是什么?

这个问题很常见,但能有效反映一个人生命历程的深度和广度,接踵而至可以判断出你思想的深度和悟性。如考生只能答出类似高考因未能考到满意的大学而痛哭了好几天,那就会被认为考生是一个经历单纯、对逆境没有承受力的人。所以,当考生谈到最成功的一件事时,就要谈到从成功中得到的经验和升华,但不要眉飞色舞、夸夸其谈,给面试官以浅薄自大的感觉;谈到最失败的一件事时,要谈到从失败中吸取的教训和自己战胜失败的过程,不要垂头丧气、苦闷彷徨,给面试官以没有挫折商的感觉。

问题4:谈谈你的星座、血型、八字及家庭情况。

这类问题对于了解考生的性格、观念、心态等有一定的作用,这是招聘单位提出该问题的主要原因。回答时要说:"职业是人生最大事,要靠科学的职业生涯规划来科学定位,从而找到各阶段的发展平台。不能相信星座、血型、八字等学说,那样会贻误前途,赔上时间成本。"谈到家庭时,可以简单地罗列家庭人口,宜说温馨和睦的家庭氛围、父母对自己教育的重视、各位家庭成员的良好状况、家庭成员对自己工作的支持、自己对家庭的责任感。

问题5:如果MSRA公司和另一家公司同时给你Offer,你怎么办?

面试官试图从中了解你求职的动机、愿望以及对此项工作的态度。一般大家都会以公司名气和工资高低作为取舍依据,考生如果这样回答:"我会把企业文化、公司发展前景、个人在公司的发展、工作部门、职位、将来的顶头上司和团队成员是什么样的人等因素进行综合分析,比较后做出结论,决定我的舍取。"面试官会对你刮目相看。

2. 情景面试及应对技巧

情景面试是面试形式发展的新趋势,在情景面试中,突破了常规面试即主考官和应试者一问一答的模式,引入了无领导小组讨论、公文处理、角色扮演、演讲、答辩、案例分析等人员甄选中的情景模拟方法。在这种面试形式下,面试的具体方法灵活多样,面试的模拟性、逼真性强,应试者的才华能得到更充分、更全面的展现,主考官对应试者的素质也能做出更全面、更深入、更准确的评价。在情景面试中,应试者应落落大方,自然和谐地进入情景、进入角色,去除不安和焦灼的心理,才能发挥出最佳效果。

面试时面对多个考官,这时需要的是冷静、沉着。应聘者与面试官直接接触、面对面回答的场合,多数人会感到紧张、慌乱,临场发挥不好,因为平时大学生应聘面试的机会很少,再加上希望成功的心情迫切,所以,见了面试官后,心跳加快、举足无措。于是,智商、口才、形象、仪态都大打折扣。其实,若能事先分析研究考官,实战时就不会那样紧张了。如对面试官进行分类,大致有这样六种:谦虚型、老练型、唯我独尊型、演讲家型、死板型、迟滞型等六种类型,提出的问题风格不同、基调不同,均属于全方位、广角度、多元化、含义深的问题。问题类型也就是直接式、选择式、自由式、因果式、测试式、挑战式、诱导式等几种。

几类面试官中,往往最让人发怵的是刁钻的面试官,为了鉴别求职者的真实表现,这类面试官通常会在面试中设置种种语言陷阱,以测试求职者的智慧、性格、应变能力、心理承受能力。面试官往往会用怀疑、尖锐、单刀直入等明显不友好的发问,在有意制造的紧张气氛中提出一连串问题,穷追不舍,直至求职者无法回答,来"洞穿"求职者彬彬有礼的外表,使其心理防线崩溃。或者劈头浇求职者一盆冷水,包括长时间的沉默、声色俱厉的敌意提问等方式,让求职者在委屈和激愤中露出本色。在这类面试官看来,击溃求职者的心理防线,才能筛选出有心理承受能力的智者,找到能面对压力的新鲜血液。这种面试称为压力面试(stressinterview),这是刁钻的面试官用来淘汰大部分应聘者的惯用手法。

集体面试,最能挑战自我。这类面试主要用于考查应聘者的人际沟通能力、洞察与把握环境的能力、组织领导能力等。在集体面试中,通常要求应聘者要做小组讨论,相互协作解决某一问题,或者让应试者轮流担任领导主持会议,发表演说等,从而考察应试者的组织能力和领导能力。

无领导小组讨论也是最常见的一种集体面试法。众考官坐于离应聘者一定距离的地方,不参加提问或讨论,通过观察、倾听为应聘者进行评分,应聘者自由讨论主考官给定的讨论题目,这一题目一般取自于拟任岗位的职务需要,或是现实生活中的热点问题,具有很强的岗位特殊性、情景逼真性、典型性及可操作性。

3. 面试时要展示职业人的风采

面试者要注意自己在面试中的仪表问题。仪表大方、举止得体,与文职人员的身份相符合,给招聘人员留下大方、干练的良好印象,是求职者的加分题。服装及饰品是求职者留给面试考官的第一印象,得体的穿着打扮能加分,也能增加求职者的自信,在面试中发挥更好。要达到这个目的,需要研究着装风格,注意细节修饰,适当进行形象设计。选择服装的关键是看职位要求,应聘银行、政府部门、文秘,穿着偏向传统正规;应聘公关、时尚杂志等,则可以适当地在服装上加些流行性元素,显示出求职者对时尚信息的捕捉能力。仪表修饰最重要的是干净整洁,不要太标榜个性,除了应聘娱乐影视广告这类行业外,最好不要选择太过突兀的穿着。对于应届毕业生来说,允许有一些学生气的装扮,即使面试名企,也可以穿休闲类套装。它相对正规套装来看,面料、鞋子、色彩的搭配自由度更高。

在激烈竞争的职场中,必备5个"C"才能立于不败之地:Confidence 信心、Competence 能力、Communication 沟通、Creation 创造、Cooperation 合作,在这5个C中,首当其重的是信心,信心代表着一个人在事业中的精神状态和把握工作的热忱以及对自己能力的正确认知。有了这样一份信心,就会充满信心地演好这台重头戏。

三、就业协议书与维权

(一)就业协议书及其主要内容

就业协议书是明确毕业生、用人单位和学校三者之间权利和义务的书面表现形式。就业协议书一般由国家和各省(市、区)教育主管部门统一制表,一式三份,由毕业生、用人单位和学校各执一份,每位毕业生只发一份就业协议书,各高校以签订生效的就业协议书为依据编制就业派遣方案。教育部高校学生司制作的《全国普通高等学校毕业生就业协议书》属三方协议,毕业生、用人单位和学校三方签约盖章后,就业协议书才能生效。

就业协议书的内容主要有:

(1)试用期。试用期是用人单位和劳动者为进一步加深相互了解而约定的考察期。试用期并不是必需的,是否约定由双方当事人决定。试用期的重点内容在于试用期限和试用期内的工资待遇。一般规定试用期(如果双方约定试用期)起始日期为毕业生报到之日,这种规定与《劳动法》的有关条款接轨,能够有效避免一些不必要的纠纷。

（2）违约金。违约金是保障就业协议书得以顺利履行而对签约双方当事人的一种约束。不少毕业生在签订就业协议书时心猿意马，为了不被"套牢"，只要企业不刻意提出对违约金的要求，本身也故作糊涂。这种情况下，一旦学生毁约，用人单位往往会漫天要价索取赔偿，并不会因为就业协议书中没有违约金额的约定而息事宁人的；反过来，如果毕业生遭遇用人单位毁约，自己的合法权益也同样难以得到保障。

（3）空白条款。就业协议书允许空白条款的存在，只要其经过协议双方的认可和默许，并且其并不影响整个就业协议的效力。不过，空白条款会为日后顺利就业带来颇多隐患，因为常见的空白条款大多涉及试用期限、月薪金额、违约金额等，都是与毕业生自身利益息息相关的内容。许多毕业生因为听信了用人单位的花言巧语而在协议书上留下多处空白，结果报到时才发现岗位和薪金都与单位原来的承诺相去甚远，在现找新单位已经来不及的情况下，只得无奈屈从。因此，如果已签订的就业协议书中存在空白条款，毕业生要及时对空白条款的内容签订补充协议或采取补救措施，以免发生纠纷时无据可依。

（4）补充协议。就业协议书允许附加补充协议。毕业生和用人单位可以就协议书中未曾涉及或不够具体的内容进行协商并签订补充协议。补充协议中常见的内容主要有：免责条款，如约定毕业生考上研究生或公务员则就业协议自动失效，不用承担违约责任；与劳动合同衔接的内容，如注明具体的工作岗位与质量，试用期满后的工资、福利等；用人单位对毕业生的其他要求等。毕业生在附签补充协议的时候，要注意保护自己的合法权益不受侵害，审视协议内容是否公平、合法、有效。如果就业协议整体主旨违反了国家法律、行政法规的强制性规定，则整个就业协议全部无效；如果只是某些条款违反，一般只认定该条款无效即就业协议的部分无效，不影响其他条款的继续执行。

（二）维护自身的合法权益

大学毕业生在求职与见习的过程中，应该时刻注意对自身合法权益的维护，以便能够顺利择业，愉悦上岗，并在将来的事业上有所建树。

1. 首次就业维权

毕业生在首次就业过程中，一定要时刻保持清醒的头脑，了解和掌握就业方面的知识和政策，并严格按照程序办事，使自己的合法权益能得到充分的保障而不致轻易受到侵害。

（1）端正求职心态。毕业生求职时，往往会出现焦急、浮躁和盲目的心态，直接影响了他们在维护合法权益方面的态度和表现：或为不惜委曲求全；或不敢再

"斤斤计较";或被花言巧语诱骗而轻信对方。虽然不是"一次就业定终身",但如果首次就业就令权益和身心都受到伤害,则必然会给自己未来的发展带来不小的负面影响。

(2) 掌握政策,学习法律。在求职、择业、签约之前,一定要全面了解和掌握毕业生就业政策,做好相关法律法规的知识储备。如此,才能在应聘和签约时保持思路清楚和条理明晰,及早识破不法单位故意设下的陷阱;如此,才能懂得如何通过合法的途径和手段解决就业过程中出现的问题,最大限度地保护自己的正当权益。

(3) 全面了解用人单位。毕业生享有全面、真实了解用人单位的知情权。签约前,毕业生应该尽量多方面打听、了解用人单位的运作状况、招聘信誉、用人意图、岗位职责以及企业文化等情况。如果有可能,最好去实地考察工作环境,尤其是颇为陌生的单位,未雨绸缪地将未来实际就业中权益受侵害的可能性降至最低。

(4) 慎重签订协议。在与用人单位签约时,落笔要慎重,仔细研究就业协议书及其补充协议中的条款,确认合理合法后再签字;重点注意试用期及违约条款的约定;尽量不要在协议书中留下空白条款;对用人单位的口头承诺要尽可能在补充协议中予以书面注明,并明确将来签订劳动合同时对此予以确认。

(5) 敢于据"法"力争。如果在求职应聘和签订协议的过程中发现有权益受侵害的不公平现象,不要害怕失去就业机会而忍气吞声,要学会积极运用法律的武器,力争自己的合法权益。缺乏诚信、用心不轨的用人单位不去也罢,否则将来吃亏的还是毕业生自己。加强自身的维权意识,是阻止侵犯毕业生就业权益的现象泛滥的根本途径。

(6) 借鉴专家意见。如果在首次就业的过程中遇到疑惑和困难,要及时咨询有关专家、老师和家长。毕竟大学生在社会阅历方面还是一片空白,而法律专家的专业视角、学校老师的指导经验,对于毕业生来说不啻为莫大的帮助。此外,往届校友在就业中的经验和教训,也是可供应届毕业生就业维权参考的一笔宝贵财富。

2. 劳动关系维权

初涉职场的大学生面对纷繁复杂的社会,在注重调节职业适应的同时,也不要忽略了对自己合法权益的保护,以免给自己职业生涯的发展造成不必要的阻滞和损失。

(1) 学习劳动法规。中国的《劳动法》、《企业劳动争议处理条例》以及各地方性的劳动合同管理规定,是调整劳动关系、签订劳动合同、解决劳动争议最基本也是最常用的法律法规,毕业生在实际就业之前应对这些法律常识有所了解。"法盲"是侵权者最为青睐和觊觎的猎取对象。

（2）重视劳动合同。如何签订劳动合同，关系到毕业生在实际就业过程中合法权益能否得到充分的保障。

首先，要及时签订。到单位报到后，毕业生应尽快与用人单位签订劳动合同，使双方的劳动关系能以法律的形式确认，使劳动者的合法权益能得到及时的保护。

其次，要逐条细看。对劳动合同的内容，毕业生要仔细分析，权衡利弊，切忌盲目签字。对模糊词句要提出质疑，对不平等条款要敢于指出，对不公平合同要坚决拒签。

第三，要保存证据。签订劳动合同后，毕业生也要持有一份合同，作为享受权利、履行义务以及处理劳动争议的依据。

（3）善用救济方式。掌握合法的维权手段是解决合法权益受损最有效的途径。一旦在实际就业中合法权益受到侵犯，应该积极运用法律武器，通过申请调解、仲裁、诉讼等合法途径，维护自己的正当权益。而对于用人单位一般的违规行为或争议不大的问题，劳动者可以先与用人单位协商，也可以向该单位所在的区县劳动保障监察机构举报，由劳动保障监察部门对其进行监督检查和处罚。

如果毕业生在实际就业中遇到劳动保障方面的问题，还可以及时拨打全国统一的劳动保障公益服务专用电话——"12333"，咨询劳动保障的政策，获取有关的信息，更好地维护自己的合法权益。

（三）就业维权四法

（1）协议不能代替合同。三方协议具有法律效力，但它不能替代劳动合同。毕业生到用人单位上班以后一定要求再签订一份劳动合同。从法律上讲，任何用人单位要求劳动者为其付出劳动（确立劳动关系）的话，都必须签订正式的劳动合同，如果不签订的话是违法行为，会被劳动监察部门罚款。

（2）违约金要约定上限。三方协议中的违约金必须经由毕业生与用人单位协商之后约定，并且违约金的数额必须符合用人单位所在地的相关规定。现在国内大部分地区都没有明确规定违约金的上限，这种情况下都以双方协商金额为准。毕业生与用人单位还可以互相约定违约金，以应对用人单位违约的情况，从而维护自身的权益。

（3）口头承诺应写进备注。据统计，有90%以上的毕业生就业三方协议中的备注栏全是空白。由于缺乏社会经验和法律知识，很多毕业生因为急于就业而相信用人单位的一些口头承诺，常常在到岗以后与单位发生纠纷。

毕业生们一定注意充分利用好就业协议的备注栏，尽量将单位的承诺，如休假、住房补贴、解决户口、保险等各项承诺明确写入备注栏，切实保障自己的合法权益。

（4）试用期不超过半年。有些用人单位利用一些大学生对法律的无知，对其进行遥遥无期的试用，而按照《劳动法》的规定，劳动合同约定的试用期不超过六个月。

劳动合同期限在六个月以下的，试用期不得超过十五日；劳动合同期限在六个月以上一年以下的，试行期不得超过三十日；劳动合同期限在一年以上两年以下的，试用期不得超过六十日；劳动合同期限在两年以上的，试用期也不得超过六个月。

同时还要注意的是：试用期适用于初次就业或再次就业时改变工作岗位或工种的劳动者，续签劳动合同不得约定违约金。

任务 6.4　第一天上班注意事项

案例导入

我第一天上班的真实经历

想来我的上班第一天已经是 4 年前了。我们的办公室很大，做预算的，桌子也大。基本一天没事，大气不敢出，也不知道说什么，从他们的互相称呼中小心记下每个人的名字。

搞笑的是快下班的时候。有人来问我"有没有空?"当然答"有"。那人让我帮他去复印。带我到复印间，问我会不会用，我还真没用过。他指了个"按钮"给我，我一看上面都是英文，但还看得懂，就说"会了"，那人就交给我好大一叠文件，然后走了。开始一切顺利，后来突然发现文件上的文字非常满，几乎占满了整张纸，复印的时候因为放得不好有一个角落没有复印进去。我连忙去问，那人说这个角落是最重要的。我赶忙又回了复印间，那时已经差不多复印好了，就是都存在这个问题。我一下子慌了，又不知道按哪个按钮是停止，又有很多复印出来，复印间那时还没空调，汗一下子冒出来，又不好意思叫人。后来，看不行只好怯怯地去叫人。弄好之后，一切重来。我手里已是一厚叠废弃的复印件，真是好大一叠，废纸本来就放复印间的一个纸篓里，可我担心别人看到那么一大叠会责怪，就悄悄把这叠废文件拿回了办公室，又没地方放，就放进了自己的包里，还庆幸自己的包够大。好不容易下班,去见同学,和同学讲了刚发生的事,但没说把废弃的复印纸放在包里,可怜我一晚上都背着那个沉重的包。快回家时,同学不小心碰了我的包,发现很重。就大呼小叫起来"你不会把那些都放你包里了吧?"可怜我一句话都说不出来,红了脸。我这个同学反应也太快了一点。

　　唉,就这样,我的第一天就这样过去了。现在想来真是小事一桩,当时真是慌得可以。现在轮到我教新来的同事如何用复印机了,卡纸了把复印机拆开也不在话下,复印再多的文件也不当回事了。

　　第一天怎么说也有很多的期待。

　　【评议】第一天上班,难免都会紧张。其实,领导也好,同事也好,在开始阶段并不会要求新员工做什么重要工作,主要还是自身摆正心态,克服紧张情绪。错误是难免的,应该正视错误,不要觉得自己是新员工就可以不努力,或者应该不会干这个不会干那个。做为一个新员工,你入职的开头一两年非常重要,这一两年的优良表现会让你的领导认为你是可栽培的,这样就会刻意地培养你,而不是把你分配到那些可有可无的工作岗位上。

任务要求

　　安排模拟情景,"上班第一天"使学生懂得如何调整好第一天上班的心态;掌握上班第一天要做的事及其要领,学会如何进行自我介绍及怎样穿着打扮等。

　　(1) 安排3～4名学生扮演第一天上班者的同事及领导和1名第一天上班者。

　　(2) 准备多个工作任务(如:完成一篇工作日志或复印文件等)。

　　(3) 角色之间要互相转换。

相关知识

一、上班第一天的自我介绍

　　要懂得,自我介绍并不是走过场,在社交场合,把自己得体地介绍给他人十分重要。自我介绍是新人适应职场环境的第一步,如何做好职场上的自我介绍,重点是要把握好两大关键点:

　　1. 自我介绍的内容

　　墨守成规、规规矩矩地自我介绍,不会有什么大的问题,但是同样也不会使人欣赏,在介绍自己的时候,不要干巴巴的一口报出姓名,然后就表明自己的职位,外加一句"多多指教"就敷衍了事。在进行自我介绍的过程中,你的脸上要始终保持着笑意,说话的声音也要稳定、洪亮。在结束自我介绍的同时,你可以适度的观察一下办公室中同事的状态和表情,这会让你知道哪些人比较好亲近,哪些人对你有好感。下面是一则自我介绍的内容:

"大家好,我是广告部新来的业务员(部门职位),我的名字叫'贾勤','贾'是贾宝玉的'贾','勤'是勤能补拙的'勤'。人如其名,我不是很聪明,但是我相信勤能补拙,一个勤奋的人,运气从不会太差,并且我热爱销售事业,没错,我把销售不仅看做是一项工作,更把它当成我的一份事业,通过自我的努力付出,来得到一份职场上的肯定。同时我的性格开朗,喜爱交朋友,相信能够和大家相处的融洽,另外,对于我的不足之处,也希望大家能多多包容,并向我提出,我会努力改正,做个好同事好下属!"

2. 自我介绍的表达

磕磕绊绊的自我介绍,其效果就会大打折扣,所以上班第一天自我介绍前,最好能对着镜子多练习几遍。这样,在自我介绍时,就能够自然流畅的表达,不会畏怯和紧张,呈现出自信大方的心态。

精彩的自我介绍并不是随口就来的,尤其是初到职场工作的新人,想要利用自我介绍来达到"一鸣惊人"的目的,在上班前就要考虑到自我介绍如何表述,才能在上班第一天处事不惊地、流畅地对自己介绍。

二、上班第一天的衣着

1. 服饰简单得体

第一天上班,最稳妥的就是穿西装,上班穿衣服讲究庄重保守,第一次上班更应从着装上给人留下好印象,哪怕以后上班穿着上稍微随便一点,问题都不会大。第一天一定要注意;穿着上要给人以简洁、干练、稳重的印象,不能太休闲。要穿黑皮鞋(最好是制式的,有鞋带的,如果没有,休闲款式的也可以,但颜色一定是黑色的),深颜色西裤,黑颜色皮带,白颜色衬衫;最好带领带,不带领带的话,衬衫第一个扣不用扣;头发要理一下,不要太长;带公文包的话最好也是黑颜色的。

2. 六大禁忌

(1) 一忌不干净、不整齐。

(2) 二忌没有品味。美国有个调查是关于男人的品味对工作的影响。用三组男性作测试,第一组穿衬衫、西装,领带也搭配得很好;第二组穿西装、衬衫,但没有打领带;第三组穿相同的西装、衬衫,但戴的领带很难看。结果这三组男性被同事所接受的比例,当然第一组是压倒性的胜利,被同事接受的比例最高;但有趣的是,没打领带的人比领带打得很难看人被同事接受率高出很多。这也就是说,穿得不好还不如不穿。

（3）三忌打扮得像学生。上班第一天,穿着娃娃鞋,带着上学用的背包。许多大学生朋友会说:"我还年轻,不想穿得太老气。"但试问你,在工作岗位上,你希望别人怎么看待你? 每个人都会说:希望是值得信赖的、专业的、成熟的、有经验的。你总不会希望别人看你是刚从学校毕业没有经验的菜鸟吧? 肯定都说不愿意。这不是很矛盾吗? 就是因为刚刚大学毕业,所以需要一些修饰,让人觉得自己很沉稳,所以不要把学生的穿着带到工作上去。

（4）四忌女孩子不化妆。许多主管都认为,不化妆的女人会让人觉得不懂得照顾自己,也就不懂得照顾工作。但注意化妆别过了头,过分的浓妆艳抹会让人觉得很做作。

（5）五忌过于暴露。不袒胸露背,不穿无袖上衣,女孩子短裙最好不要短于膝上 10 厘米。男孩子穿长袖比穿短袖好。

（6）六忌头发遮住眼睛。要让人完完全全看到你的眼睛,不要弄一个需要拨来拨去的发型。

3. 六大加分

（1）戴手表——不仅可以自己控制工作时间,也会让人觉得你是一个非常注重时间的人。

（2）适度的首饰——女孩子如果有适当的耳环项链,看起来会更亮丽,当然不宜太招摇或太幼稚。

（3）男孩子西装露三白——要露出领口、袖口、袜子。衬衫袖口露出西装 1 到 1.5 厘米左右。

（4）领带应选择几何图形图案——例如斜纹、格子、小圆点、小花,从远处看是块状的,色调以冷、深为主,会让你看起来较沉稳

（5）色彩搭配适宜——穿对比色,看起来有权威,如黑色西装配白色衬衫。

（6）中性色较讨喜——如黑、灰、深蓝、咖啡、白色。红色、粉红、绿色是次要色,可作为点缀。

三、上班第一天的行为方式

要尽量放轻松,表现出平常自己的样子,但是一定注意对前辈们的尊敬(你第一天去上班,当然所有人都是你的前辈,不一定是指年龄,是指资历),待人有礼但是注意保持适当距离。

新人自然会受到"老人"们的小排挤或小欺侮,正常范围内的要忍耐,超出原则

(比如伤害自尊、性骚扰等)就要奋起反击,这样往往不会被责骂反而会获得尊敬。重要的是,永远不要在背后议论他人,因为往往你只是参与谈论,便会有用心险恶的人将此大加渲染而加害于你,你是说不清的。

刚去上班要表现沉稳些,千万不要急于表现,多听少说,有本事的话,以后表现的机会多着呢,不要一开始就表现得太聪明或急功近利,让领导和同事都把你当成敌人或竞争对象就麻烦了。要经常面带微笑,对人要谦虚谨慎,又不要唯唯诺诺,要不卑不亢。刚上班,不了解公司内部人员的微妙关系,千万不要急于表现,多请教,多听,多看,细心观察,办事要勤快,又不要让人感觉是在故意表现勤快。

不要看不起公司内外的任何一个人,那怕是勤杂工、保安等。总之,第一天上班,没必要急着表现自己,其实,刚去上班,自己好多地方都是无知的,哪怕自己以为自己知道得不少。

第一天上班,要主动向大家问好(早上见面及下午离开时)。一定按时(提前五分钟)精神饱满的到达岗位。有的女性员工中午逛街会晚半个小时才回到自己办公室,也许并没有对工作本身造成太大影响,却会给人非常糟糕的印象。大公司往往没有午休时间(吃饭时间一个小时),请注意调节个人习惯,不要趴在桌上睡过头,没有人会叫醒你,但是会觉得你这个人很懒散,影响不好。

第一天上班,要少说多看,先不要做,看明白了再做,一般第一天也不会让你什么做什么事的。多笑,看到同事先笑,给大家留个好的第一印象。看到什么不好都不要表态。可以坐在那里看看公司的资料,了解一下公司的基本情况。

相关链接

案例一: 小孙大学毕业后被上海某企业"相中",签约时,劳动合同上的内容却让她疑惑:劳动合同为期一年,试用期居然也是一年!"按照企业规定,试用期内只能拿正式工资的一半。"尽管收入将大大损失,考虑到找工作不易,小孙还是签了字,可心里却一直非常郁闷。

案例二: 汪某从某大学毕业就职于一家网络公司做软件开发工作,他是天津的一个大学生,经北京市批准并经学校派遣留北京工作,当年3月,汪某与网络公司学校三方签订了全国普通高等学校毕业生就业协议书,协议约定汪某在规定时间到用人单位报到,用人单位做好接收工作,学校申请列入建议就业计划并负责办理派遣手续,同时约定第一年为见习期,服务期为三年,未按规定完成服务期的,每相差一年支付一万元违约金,不满一年按一年计算,双方权利义务从报到后签订的劳动合同为准,当年 7 月 10 日公司与汪某签了一份劳动合同,期限 4 年并规定了三个月的试用期,不久汪某发现公司在管理和经营方面都不理想,认为自己不适宜在该公司上班,于是在当年 8 月中旬,根据劳动法和劳动合同的规定,汪某向公司提出了解除实习的申请,公司扣押了他的实习档案,不与其办理解除劳动合同的手续并要求汪某支付 4 万元的违约金。

问:公司的做法是否全法合理?

案例分析

案例 1:公司的行为违背了《劳动法》。小孙不能因为就业难,便不据理力争。

案例 2:公司的做法不合法。理由如下:

(1)首先关于三方协议。不管三方协议是如何约定的,汪某与单位签署劳动合同之后,三方协议就已经履行完毕。之后,汪某与单位的关系按照劳动合同的约定履行。因此,三方协议中关于服务期限、违约金等约定,只适用于三方协议。而三方协议已经履行完毕。对此,三方协议也有规定:"双方权利义务从报到后签订劳动合同为准",因此应按劳动合同执行。

(2)关于劳动合同中约定的违约金。按照《劳动合同法》的规定:只有在两种情形下,用人单位可以约定由劳动者承担违约金:

一是在培训服务期约定中约定违约金。用人单位为劳动者提供专项培训费用,对其进行专业技术培训的,可以与该劳动者订立协议,约定服务期。劳动者违反服务期约定的,应当按照约定向用人单位支付违约金。违约金的数额不得超过用人单位提供的培训费用。用人单位要求劳动者支付的违约金不得超过服务期尚未履行部分所应分摊的培训费用。

二是在竞业限制约定中约定违约金。用人单位与劳动者可以在劳动合同中约定保守用人单位的商业秘密和与知识产权相关的保密事项。对负有保密义务的劳动者,用人单位可以在劳动合同或者保密协议中与劳动者约定竞业限制条款,并约定在解除或者终止劳动合同后,在竞业限制期限内按月给予劳动者经济补偿。劳动者违反竞业限制约定的,应当按照约定向用人单位支付违约金。竞业限制的人员限于用人单位的高级管理人员、高级技术人员和其他负有保密义务的人员。竞业限制的范围、地域、期限由用人单位与劳动者约定,竞业限制的约定不得违反法律、法规的规定。在解除或者终止劳动合同后,以上规定的人员到与本单位生产或者经营同类产品、从事同类业务的有竞争关系的其他用人单位,或者自己开业生产或者经营同类产品、从事同类业务的竞业限制期限,不得超过二年。

　　除以上两种情形外,用人单位不得与劳动者约定由劳动者承担的违约金,或者以赔偿金、违约赔偿金、违约责任金等其他名义约定由劳动者承担违约责任。对于约定由用人单位承担的违约金,《劳动合同法》没有做出禁止性规定。

参 考 文 献

[1] 凤陶,梁燕.毕业不失业[M].北京:机械工业出版社,2005.

[2] 王君之.职场心经笔记[M].北京:中国海关出版社,2005.

[3] 刘政,喻金平.大学生创业实务[M].广州:华南理工大学出版社,2005.

[4] 时延军,孙洪涛.阳光总在风雨后:北大 2005 届毕业生求职实录[M].北京:机械工业出版社,2005.

[5] 王熙兰.职业生涯规划与就业指导[M].北京:高等教育出版社,2010.

[6] 于长湖,间振华.大学生就业创业与职业生涯规划[M].北京:中国经济出版社,2010.